Fruttero & Lucentini
DER RÄTSELHAFTE SINN
DES LEBENS

Carlo Fruttero & Franco Lucentini

DER RÄTSELHAFTE SINN
DES LEBENS

Ein philosophischer
Roman

Aus dem Italienischen
von
Dora Winkler

Piper
München Zürich

Die Originalausgabe erschien 1975 unter dem Titel »Il signi-
ficato dell'esistenza« bei Arnoldo Mondadori in Mailand.
Die Neuausgabe wurde unter demselben Titel 1994 bei Ugo
Guanda in Parma herausgebracht.

ISBN 3-492-03799-2
4. Auflage, 26.–29. Tausend 1995
© Ugo Guanda Editore S. p. A., Parma 1994
Deutsche Ausgabe:
© R. Piper GmbH & Co. KG, München 1995
Gesetzt aus der Sabon-Antiqua
Gesamtherstellung: Clausen & Bosse, Leck
Printed in Germany

Nulltes Kapitel

DIE KRISE VON 1974

WEIL DAS LEBEN NUN MAL IST, wie es ist, nimmt es nicht wunder, daß die Menschen sich seit jeher nach seinem möglichen Sinn gefragt haben. Grundsätzlich gibt es drei gängige Meinungen darüber: Für einige hat das Leben einen ganz bestimmten Sinn; für andere hat es keinerlei Sinn; für wieder andere schließlich ist es nicht ausgeschlossen, daß es einen Sinn hat, aber jeder muß ihn für sich selbst herausfinden. Jedenfalls handelt es sich um ein »schwerwiegendes« Thema, das traditionsgemäß den Spezialisten vorbehalten ist, den Philosophen, Priestern, Wissenschaftstheoretikern, Alpinisten, entlassenen Zuchthäuslern, Öltankerkapitänen, Schauspielerinnen, die den Versuch überlebt haben, sich die Pulsadern aufzuschneiden, usw.

Die gewöhnlichen Menschen reden nicht davon, sei es aus Anstand, sei es aus Furcht, dumm und unbedarft zu erscheinen, sei es, weil die Aufgaben des Alltags einem ab sechzehn wenig Raum für den Austausch metaphysischer Überlegungen lassen.

Aber der Sinn des Lebens läßt sich auf diese Nichtbeachtung nicht ein. Unter anderen Namen, in verschiedensten Gestalten und unter unerwartetsten Umständen drängt dieses grenzenlose Kuddelmuddel danach, erkannt oder wenigstens offenen Auges ertragen zu werden. Daher kam es, daß wir im Spätfrühjahr 1974, aufgewühlt durch all das Elend und die Greuel in der Welt, zutiefst verunsichert durch existentielle Ängste, darunter nicht zuletzt die anstehende Einkommenssteuererklärung, beschlossen, etwas zu unternehmen. Es sollte ja nicht glauben, es käme uns ungeschoren davon, das alte Problem!

Hurtig ließen wir, im Hinblick auf unseren eventuellen Beitritt, verschiedene Religionen Revue passieren, untersuchten drei oder vier fortschrittliche und utopische Ideologien, die sich im Verein mit der Dampfmaschine verbreitet hatten, studierten gründlich einige der berühmtesten antiken und modernen »Tröstungen der Philosophie«. Aber es brauchte nicht viel und wir sahen ein, wieviel Unvereinbares zwischen uns und diesen sentenziösen und ihrer Diagnose so sicheren Reparaturwerkstätten des Lebens lag: ein kleines loses Drähtchen, eine schlecht sitzende Garnitur, ein anomaler Kontakt, und schon waren sie widerlegt.

Blieb also nur noch die Literatur, die sich ja tatsächlich immer mit dem Sinn des Lebens befaßt hat. Doch auf welche Weise? Eben auf die ganz feine indirekte Tour, auf Umwegen, anspielend, symbolisch, mit der stillen Verhaltenheit und allerzartesten Vorsicht dessen, der einen Fisch mit den Händen fangen will. Die Sache – machten wir uns klar – wurde jedesmal nur als ein Seitenhieb angedeutet, vermittelt durch Helden und Heldinnen, die nach außen hin mit ganz anderen Dingen beschäftigt waren, geschleust durch den Filter erzählerischer Kunstgriffe, Verwicklungen, Zufälle und Willkür, die auf den ersten Blick so gut wie nichts mit dem Sinn des Lebens zu tun haben schienen. Keinem wäre es je eingefallen, dieses Thema frontal anzugehen, allein schon der Titel – sagten wir uns – müßte bewirken, daß auch der geneigteste Leser in ein Taxi springen und fliehen würde. Keine pornographische Ausschweifung – sagten wir uns –, keine Verunglimpfung von Generälen oder Gewerkschaftlern, keine Rechtfertigung eines Massenmords, Verhöhnung von Machthabern, Bezichtigung von Tyranneien oder Diebereien hat je so viel Mut verlangt.

»Stell dir bloß vor«, sagten wir uns, »*Der Sinn des Lebens* von Fruttero & Lucentini!«

Und wir schütteten uns aus vor Lachen.

Natürlich war gerade dieses Lachen, die äsopische Lust an dem Mißverhältnis zwischen der unwegsamen, feierlichen Großartigkeit des Unternehmens und den lächerlich geringfügigen Mitteln, auf die wir notwendigerweise würden zurückgreifen müssen, schuld daran, daß wir der unwiderstehlichen Versuchung erlagen, den vorliegenden Roman zu schreiben.

Wie es sich eben manchmal fügt, kam uns dann der Zufall zu Hilfe. Genau zu der Zeit sollte in Mailand eine neue Tageszeitung erscheinen, herausgegeben von Indro Montanelli und laut allgemeinem Gerücht finanziert von Cefis & Fanfani*, einem anderen Paar, das nunmehr in die Literatur oder zumindest in die geheimnisvolle, anfällige italienische Folklore eingegangen ist. Der Herausgeber des *Giornale* rief uns also eines Nachmittags in Turin an und schlug uns eine Reise nach Griechenland vor, ein Land, das sich seiner Meinung nach im Sommer für eine Berichtserie in touristisch-antikisierender Manier anbot. Wir erbaten uns eine Stunde Bedenkzeit und riefen ihn dann zurück und machten ihm einen Gegenvorschlag: ein Fortsetzungsroman, der zum großen Teil in Griechenland spielen sollte und den Titel tragen würde: *Der rätselhafte Sinn des Lebens*.

Am andern Ende der Leitung hörten wir Erstickungsgeräusche; dann bezwang Montanelli das Zittern seiner Hände und Stimme und erklärte, er wolle das Risiko eingehen. So haben sich die Dinge

---

* (Eugenio) Cefis war ein bekannter italienischer Financier der siebziger Jahre und eng mit (Amintore) Fanfani, dem Parteisekretär der Democrazia Cristiana, verbunden.

in Wirklichkeit abgespielt, im Roman sind allerdings aus strukturellen Gründen die Positionen verkehrt worden, dort ist es Montanelli, der uns ausschickt, den Sinn des Lebens zu suchen.

Im Juli jenes Jahres erschien der Roman dann als Fortsetzungsgeschichte im *Giornale*. Als Buch ist er ohne Weglassungen und Zusätze veröffentlicht worden, außer natürlich diesem »nullten Kapitel«.

ERSTER TEIL

DIE GEHEIMNISSE
DES ORIENTEXPRESS

I

EIN GEFÄHRLICHER AUFTRAG

Es schüttet, was der Himmel hergibt. Rennend überqueren wir die Via Moscova und suchen einen Hauseingang, wo wir uns einen Augenblick unterstellen können, bevor wir unseren Fußmarsch zur Piazza Cavour fortsetzen. Doch um diese Zeit sind alle Haustore verschlossen. Von der nahen Renaissancekirche S. Angelo schlägt es zehn.

Sind wir wirklich große Sonderberichterstatter? Schon sind wir zu spät dran und naß bis auf die Haut, trotz unserer Trenchcoats, die wir doch extra aus Kansas City haben kommen lassen. In falsch verstandener Auffassung von Action-Journalismus haben wir nämlich unsere Schirme nicht mitgenommen, die sind zu Hause in Turin geblieben.

»Wenn wir am Zentralbahnhof in Mailand aus dem Intercity steigen, springen wir einfach in ein Taxi und los geht's«, hatten wir bei der Abfahrt gesagt. Aber wir haben wieder einmal feststellen müssen, daß in diesen stolzen Metropolen der Sprung ins Taxi der Vergangenheit angehört.

Wir schreiben schnell diese Beobachtung nach der Natur in unsere Notizbücher und setzen unseren Weg, dicht an den Hauswänden entlang, durch die Via Turati fort. Als wir die Via Montebello hinter uns haben und an dem zugesperrten Caffètabacchi an der Ecke zur Via Carlo Porta vorbeikommen, prasselt der Regen mit doppelter Macht auf uns nieder. Aber da ist er endlich, der Platz, da sind sie, die mittelalterlichen Arkaden von Porta Nuova. Und da ist auch, direkt vor uns, das massige, hell erleuchtete Gebäude, wo wir unsere Instruktionen bekommen werden.

»Ihr müßt ihn einfach nur finden und ihn mir herbringen«, schließt der große, magere Mann mit den durchdringenden Augen, der auf der anderen Seite des Schreibtischs sitzt.

Er drückt bedächtig die Zigarette aus, lehnt sich wieder in seinen Sessel zurück und fixiert uns mit amüsiertem...? höhnischem...? Blick.

Doch wenn er meint, uns überrascht zu haben, täuscht er sich gewaltig. Zwar zeigt uns das Zischen unserer nassen Trenchcoats an, daß wir unsere Zigaretten auf den Knien verglühen lassen, und unsere Augen, denen der nötige Grauton dazu abgeht, bringen kein stählernes Blitzen zustande. Aber ohne mit der Wimper zu zucken, nehmen wir den Auftrag an.

»Sechshundert Dollar am Tag, zuzüglich Spesen«, begnügen wir uns zu antworten.

14

»Einverstanden. Und wann denkt ihr abzureisen?«

»Sobald wir entschieden haben, wohin«, lautet unsere gelassene Erwiderung.

Der Mann billigt das mit einem bedächtigen Kopfnicken.

»Ich habe mich nicht in euch getäuscht. Ihr seid wahrscheinlich die einzigen, denen ich einen Auftrag wie diesen hier anvertrauen kann. Ich frage mich nur... Ihr müßt schon entschuldigen, Jungs, ihr gefallt mir ja gerade, weil ihr nicht so viele Fragen stellt, aber... habt ihr auch wirklich verstanden, was ich von euch will?«

Wir lächeln. Wir schlagen die Beine übereinander. Jetzt ist es an uns, diesen Mann zu beeindrukken.

»Eine ganz normale journalistische Ermittlung, scheint uns doch. Was soll es da groß zu verstehen geben? Du willst, daß wir...«

»Ja, aber wir haben nicht einmal ausgemacht, wo...«

»Das sind doch Details... Du willst, daß wir den Sinn des Lebens suchen. Stimmt's?«

»Stimmt, aber...«

»Und exklusiv hier in deinem Blatt darüber berichten. Stimmt's?«

»Ja, ich bin überzeugt, der Sinn des Lebens ist immer noch eine große Sache und seine Entdeckung wäre gerade heutzutage ein bemerkenswerter journalistischer Coup.«

»Ist doch klar«, lächeln wir. »Du würdest schließlich keine sechshundert am Tag zuzüglich Spesen abdrücken, wenn es nicht um einen dicken Fisch ginge.«

»Ist doch klar«, lächelt seinerseits der alte Fuchs, in dem der Leser unschwer den Herausgeber eines bekannten Mailänder *Giornale* erkannt haben wird. »Aber ihr wollt mir doch nicht weismachen, daß ihr morgen früh schon wißt, wo ihr hinfahren werdet? Wo ihr anfangen wollt? Ich hatte mir eigentlich gedacht, euch vorzuschlagen...«

»Halt!« unterbrechen wir ihn mit warnend in die Höhe schnellender Hand. »Wenn du eine ordentliche Arbeit willst, mußt du uns freie Hand lassen und darfst nicht versuchen, uns zu beeinflussen. O.k.?«

Hochzufrieden stehen wir auf. Das hat der Zar des italienischen Journalismus widerspruchslos einstecken müssen.

»Ah, noch etwas«, setzen wir hinzu. »Der Sinn des Lebens ist ein heißer Stoff, ein Stoff, der eine Menge Leute verärgern kann. Willst du daher...«

Montanelli hebt beide Hände.

»Daher will ich«, erwidert er entschlossen, »die Wahrheit. Findet sie, und kein politischer Druck, keine dunklen Machenschaften von Interessengruppen, keine Prozeßdrohungen werden mich daran hindern, sie zu veröffentlichen.«

»Was sie auch sei?«

»Was sie auch sei.«

Als wir wieder unten sind, erinnert uns der bis in den Eingang des Gebäudes hineinspritzende Regen daran, daß diese männlichen Gespräche unter Kollegen, das hohe professionelle Bewußtsein doch nicht alles im harten Leben des Journalisten sind. Wir hätten auch versuchen müssen, telephonisch ein Taxi zu rufen. Doch Gott sei Dank sehen wir direkt vor der Tür ein Schwarztaxi.

»Brauchen Sie einen Wagen?« fragt der Fahrer.

»Zum Bahnhof«, antworten wir und schlüpfen mit gesenktem Kopf in die große Limousine.

»Zum Bahnhof fahren wir später«, mischt sich ein Unbekannter ein, der bereits im Wageninneren sitzt. »Vorher will euch jemand sehen. Irgendwelche Einwände?«

Die gedrungene Smith & Wesson, mit der er herumspielt, unterstreicht die Ironie der Frage. Der falsche Schwarztaxifahrer ist inzwischen schon in die Via Manin eingebogen, und kurz darauf sausen wir über die Viale Zara und die Viale Fulvio Testi in Richtung Stadtrand oder ländliche Umgebung. Wir schneiden die Umgehungsstraße und lassen die Stadt hinter uns. Wir durchqueren unbekannte

Vorstädte. Weiter geht es auf Nebenstraßen, einmal nach rechts, einmal nach links, durch den immer noch schnurdicken Regen.

Als das Auto schließlich ein breites Gittertor passiert und eine Kieselallee hinauffährt, die zu einer hinter Bäumen versteckten Villa führt, haben wir nicht mehr die leiseste Ahnung, wo wir uns befinden. Dafür entgehen uns weder die köstliche Ornamentik der Backsteinfassade noch das Glasauge des philippinischen Dieners, der uns einläßt. Von ihm geführt und von dem Mann mit der Smith & Wesson eskortiert, durchqueren wir nacheinander einen Louis XVI.-Salon, ein Billardzimmer, eine strenge Bibliothek. Der Diener klopft an eine hohe Nußbaumtür.

»Entrez!«

Der Salon, in den wir geführt werden, ist so groß, daß wir auf den ersten Blick nur Ausschnitte davon wahrnehmen. Doch wir sehen sofort, daß sein Prunk wahrhaft herrschaftlicher Natur ist. Dieses ausgewogene, wundervolle *Bildnis eines Edelmanns* zwischen zwei Säulen an der gegenüberliegenden Wand ist ein echter Velazquez. Und die mit zarten Rosen gefüllte Vase auf dem Pleyel-Konzertflügel zwischen den beiden ersten Fenstern ist eindeutig ein erlesenes präkolumbianisches Stück.

Weniger erlesen sind die Züge des jungen Mannes in weißem Dinnerjackett (unter dem wir eine weitere P. 38 erraten), der am Flügel sitzt und gemächlich ein paar Akkorde anschlägt. Unser Kidnapper sieht ihn fragend an, und nach einem gleichgültigen Blick auf uns weist der andere mit dem Kinn in den hinteren Teil des Salons. Auf dicken Teppichen, zwischen tropischen Pflanzen und Vitrinen voller Nippsachen von unschätzbarem Wert ziehen wir weiter. Links von uns, auf einem mit mauvefarbenem Satin bezogenen Diwan, hebt eine kostspielige Mulattin in hautengem Lamé kaum eine Sekunde lang den Kopf, um sich dann wieder in ihre Lektüre der Zeitschrift *Famiglia Cristiana* zu versenken.

Schließlich gelangen wir zu einer Gruppe tiefer Sessel zwischen einem Renaissancekamin und einem kleinen, aber komfortablen Schwimmbekken aus Jaspismarmor, das ein kahlköpfiger Mann, den wir sofort erkennen, mit kraftvollen Stößen im Delphinstil durchpflügt. Eine andere, ebenfalls wohlbekannte Persönlichkeit erhebt sich aus einem der Sessel, um uns zuvorkommend zu begrüßen.

»Meine Herren«, sagt er und streckt uns die Hand entgegen, »zunächst möchte ich mich für die etwas brüske Art der Einladung entschuldigen.«

»Und ich mich auch, meine lieben, lieben Freunde«, echot der Schwimmer, der aus dem Bekken gestiegen ist, sich in einen weichen purpurroten

Bademantel gehüllt hat und, sich kräftig den kahlen Schädel trockenreibend, auf uns zutritt.

Wir schütteln auch ihm die Hand und machen es uns in Erwartung einer offenen Aussprache bequem. Nachdem sie uns auf diese Weise haben entführen lassen, ist das doch wohl das mindeste, was Cefis und Fanfani uns schulden.

II

MÄCHTE IM SCHATTEN

SOLLEN WIR ES WAGEN, zu versichern, wir hätten, als wir bedroht von einer P. 38 in die geheimnisvolle Villa traten, nicht schon wenigstens zum Teil die Wahrheit geahnt? Wir würden uns selbst und dem Leser etwas vormachen, wollten wir das behaupten.

Wenn eine Zeitung einen mit einer heißen Ermittlung über den Sinn des Lebens betraut und man sofort danach entführt wird, dann gibt es nur eine Schlußfolgerung: da sind gewaltige Interessen im Spiel, mächtige Persönlichkeiten regen sich im Schatten. Und mit einem Schlag werden gewisse Gerüchte über die Manipulation und Instrumentalisierung der neuen Tageszeitung hochwahrscheinlich.

»Verwundert hätte uns nur«, wie wir zu unseren lächelnden Kidnappern sagen, »wenn es *keine* Einmischung von eurer Seite gegeben hätte. Aber wir gestehen, wir hatten nicht so schnell damit gerechnet.«

»Wer gleich sich schnappt den Kater, der schnappt auch dessen Vater«, antwortet prompt darauf mit toskanischem und sibyllinischem Witz der Senator Fanfani, was uns einen Moment lang etwas verwirrt.

Cefis nützt das aus, um uns eine duftende Corona in die Hand zu drücken, sich selbst eine anzuzünden und dreist die offen zutage liegenden Tatsachen zu leugnen.

»Aber nein, doch keine Einmischung!... Lebhaftes Interesse, das ja. Für einen großen petrolchemischen Konzern wie die Montedison und für eine große klassenübergreifende Partei wie die Democrazia Cristiana ist der Sinn des Lebens selbstverständlich ein vordringliches, wesentliches und unverzichtbares Anliegen.«

»Von altem Wein und neuem Besen macht die Bäuerin kein Wesen«, bestätigt der Onorevole Fanfani.

»Es ist daher nur natürlich, daß wir, falls ihr diesen Sinn finden solltet«, fährt Cefis fort, »Wert darauf legen, darüber informiert zu werden.«

»Das sollt ihr auch, wenn es soweit ist«, antworten wir seelenruhig, »wie alle Leser des *Giornale*. Genügt euch das nicht?«

Die beiden hüsteln, sehen sich unsicher an. In dem anhaltenden Schweigen bekommen die Noten des Scherzo Nr. 4 von Chopin, das der »Gorilla« in der weißen Jacke hinten spielt, einen vage bedrohlichen Unterton.

»Ich will offen mit euch sein«, gibt schließlich der

Generalvorsitzende der Montedison zu, »uns genügt es nicht, informiert zu werden, *wenn es soweit ist.* Was wir von euch wollen, ist, daß ihr uns Stück für Stück über die Entwicklungen eurer Erhebungen auf dem laufenden haltet, bevor ihr sie... äh... einfach wahllos dem Publikum zur Kenntnis bringt. Und für diesen kleinen Gefallen sind wir bereit, euch...«

Äußerst taktvoll erhebt sich hier Senator Fanfani, läßt sich von der Mulattin seinen weichen Bademantel abnehmen und springt wieder ins Schwimmbecken.

»...einen bescheidenen Zuschuß für das beste und schnellste Gelingen eures Auftrages anzubieten«, fährt Cefis fort, der inzwischen sein Aktienmäppchen hervorgezogen hat. Er wählt zwei unansehnliche Aktien mit der Aufschrift »Robur Nougat und Nußschokolade« aus und streckt sie uns hin.

Wir erbleichen. Wir sehen, wie die bis dahin eiskalten Augen der Mulattin vor Begierde aufglühen. Auch sie hat offenbar gleich die legendären Aktien mit dem nominellen Wert von Lit. 5000 erkannt, die in einer Anzahl von achtzig Stück das gesamte hinterlegte Kapital der Robur darstellen. Doch es ist bekannt, daß diese kleine Süßwarenfabrik, die in der Gegend von Cremona nicht mehr als ungefähr zwanzig Arbeiter beschäftigt, die »Fabro Ag. Rollläden« kontrolliert, die ihrerseits wiederum die

Aktienmehrheit der »Ital-Schemel« hat, über welche, durch ein Spiel überkreuzter Anteile, der Inhaber der Robur-Aktie faktisch einen beträchtlichen Teil der »Standard Oil of New Jersey«, der »Cirio International« und der Sheraton-Hotelkette besitzt. Damit sind wir bei einer Größenordnung von mehreren Hundert Milliarden pro Aktie…

Wir würden den Leser belügen, wenn wir behaupteten, daß unsere Hand bei der Ablehnung dieses schwindelerregend hohen Angebots nicht gezittert hätte. Aber unser Zögern währt nur kurz. Wir lassen den Blick über die mit *soie sauvage* tapezierten Wände wandern, hinauf zu der vergoldeten Decke, wieder hinunter auf die Fülle der Rembrandts, Botticellis, Guttusos, und dann über eine kostbare Pfeifensammlung auf dem Kaminsims, zurück auf unsere zerknitterten und schon verschossenen Trenchcoats, die uns als alte Nachrichtenspürhunde ausweisen. Haben wir uns die etwa aus Kansas City schicken lassen, um uns damit in einen goldenen Käfig zu setzen?

»Nein, Cefis. Was für ein Spielchen ihr da spielt, wissen wir nicht und wollen wir auch nicht wissen. Steckt eure Robur wieder ein.«

Stolz sehen wir aus den Höhen unserer Integrität auf unseren Gesprächspartner herab, aber wir müssen zugeben, er ist ein guter Verlierer: die leichte Verbeugung, die er uns macht, nachdem er die

Aktien wieder in der Tasche seiner goldverbrämten Hausjacke verstaut hat, wirkt weder gezwungen noch gekränkt. Und auch der Onorevole Fanfani steht ihm nicht nach: von der Entwicklung der Verhandlungen in Kenntnis gesetzt, kommt er tropfend herbei, um uns die Hand zu drücken, und stellt so unter Beweis, daß sein *savoir vivre*, sein launiger Witz kein bloßer Firnis sind.

»Wenn sie's mit dem Weinhändler treibt«, erinnert er uns mit einem gutmütigen Klaps auf die Schulter, »muß auch die Schwiegertochter Arnowasser saufen.« Darauf wirft er einen Blick auf seinen Unterwasserchronometer und zeigt sich um unsere Rückkehr besorgt: »Eugenio, unsere unbestechlichen Freunde hier waren doch, scheint mir, auf dem Heimweg nach Turin. Und da ich mir denken kann, daß sie so bald wie möglich abreisen wollen...«

»Ach ja, wohin noch mal?« fragt Cefis ganz beiläufig.

Wir tun so, als gingen wir in diese primitive Falle.

»Zunächst, auch weil wir da ein paar genaue Hinweise hatten, haben wir an die Sila-Höhen gedacht, mit ihren Wäldern und Hirten und ihren Flüssen Ampollino, Arvo und Mucone...«

Die beiden hängen buchstäblich an unseren Lippen.

»Aber dann haben wir aufgrund eigentlich ganz

naheliegender Schlüsse das Elsaß ins Auge gefaßt und dort insbesondere Mulhouse. Meint ihr nicht auch, daß der Sinn des Lebens sich mit hoher Wahrscheinlichkeit dort verstecken könnte?«

»Na klar doch!« lügt Fanfani dreist.

»Ja, in der Tat«, improvisiert Cefis, »unser Forschungsbüro ist zu ganz ähnlichen Schlüssen gekommen. Gerade deshalb wäre ich gespannt darauf, in groben Zügen zu erfahren, welcher Art die Folgerungen waren, die euch dazu gebracht haben …«

»Wir haben bereits zuviel gesagt«, unterbrechen wir ihn und sehen unsererseits auf die Uhr. Und während Cefis mit den Fingern schnalzt, um den philippinischen Diener zu rufen, nutzen wir die Gelegenheit, es dem durchtriebenen Parlamentarier aus Arezzo mit gleicher Münze heimzuzahlen: »Versperrte Tür, zahnloser Esel und Frauen aus Prato«, flüstern wir ihm vertraulich zu, »fangen schwerlich Feuer!«

Wir verabschieden uns mit diesem doppeldeutig folkloristischen Ausklang, ohne uns weiter über das Geschehene verärgert zu zeigen, das ja eigentlich eine unverschämte Entführung gewesen ist. Doch wir lehnen es ab, mit einem der Hubschrauber der Villa nach Turin zurückzufliegen, und bitten darum, wieder von dem falschen Schwarztaxifahrer nach Mailand gefahren zu werden.

Eigentlich, sagen wir zueinander (aber so, daß der

Filipino, der uns den Wagenschlag aufhält, es hören kann), wenn wir so bald wie möglich in Mulhouse sein wollen, ist es günstiger, direkt von Mailand aus zu fahren. Wir können in unserem alten Hilton übernachten, und morgen früh, nach einem reichhaltigen Frühstück mit Speck und Eiern, statten wir uns schnell in der Upim an der Via Farini mit dem Nötigsten aus und erwischen dann noch bequem den 12.50 Uhr TEE nach Basel-Mulhouse.

III

DER TRICK VON GLEIS 15

»AUF GLEIS 15 fährt ab der Trans-Europ-Expreß nach Chiasso, Lugano, Zürich, Basel mit Kurswagen nach Mulhouse, Thionville«, kündigt der Lautsprecher an.

Wir vergewissern uns, daß wir immer noch dieses mausgesichtige Individuum in der kurzen Jacke auf den Fersen haben, das uns beschattet, seit wir aus dem Hotel herausgekommen sind, und vom Zeitungsstand aus eilen wir dann zum Zug. Wird Mausgesicht auch einsteigen?

Nein. Wie wir gehofft hatten, muß der Mann sich nur Gewißheit verschaffen, daß wir wirklich nach Mulhouse fahren, wo uns natürlich bereits ein anderer erwartet. In der Tat sehen wir ihn vom Abteilfenster aus zu einem der Telephone auf dem Bahnsteig gehen und eine Münze einwerfen. Aber er läßt dabei unser Abteil nicht aus den Augen, und wir müssen warten, bis der Zug sich in Bewegung setzt, um schleunigst unsere Koffer zu schnappen, eine Zugtür auf der anderen Seite aufzureißen und auf den Bahnsteig von Gleis 14 zu springen.

Im Nu sind wir in dem Nahverkehrszug, der

13.08 Uhr nach Sondrio abgeht, steigen auf der gegenüberliegenden Seite wieder aus, durchqueren nacheinander den »Versilia-Pfeil«, die »Vesuv-Rakete«, das »Riccione-Phänomen« und nach ein paar weiteren, nicht identifizierten Schnellzügen sind wir endlich an Gleis 9 und am Zug unseres *wahren* Reiseziels angelangt.

Wir steigen in einen der ersten, mit eindrucksvollen Namen beschilderten Wagen ein und treten in ein leeres Abteil, in dem wir sofort die Vorhänge zuziehen.

»Das hat geklappt!« rufen wir aus und lassen uns mit einem Seufzer der Erleichterung in die weichen Sitze fallen. Von diesem Augenblick an kann unsere Arbeit beginnen. Endlich haben wir den Kopf frei von materiellen Sorgen, und wir ziehen unsere Notizbücher heraus, um einen ersten, summarischen Aufriß für unsere Nachforschungen zu entwerfen.

»*Wer sind wir? Woher kommen wir?*« schreiben wir. Und da wir mehr auf Solidität als auf Originalität geben, fügen wir hinzu: »*Wohin gehen wir?*«

Es ist der Bahnhofslautsprecher, der uns so prompt wie ausführlich die Antwort auf diese letzte Frage liefert.

»Auf Gleis 9 fährt ab«, kündigt er an, »der Direct-Orient nach Venedig, Triest, Belgrad, Sofia und Istanbul mit Kurswagen nach Skopje, Thessaloniki und Athen.«

Der Leser, der vielleicht nicht wie wir das Kursbuch der großen internationalen Expreßzüge im Kopf hat, wird Mühe haben zu glauben, daß wir die falsche Spur von Mulhouse nicht mehr oder weniger zufällig gelegt haben. Indessen wußten wir, als wir das Elsaß wählten, genau, daß nur fünf Minuten und ein paar Bahnsteige zwischen dem betreffenden TEE *Gotthard* und unserem alten Orientexpreß lagen. Und was unser wirkliches Reiseziel, nämlich Griechenland, betrifft, so hat das von dem Augenblick an in aller Deutlichkeit vor uns gestanden, als Montanelli vom Sinn des Lebens gesprochen hat; ein schneller wechselseitiger Blick hat genügt, um uns zu einigen. Dann jedoch haben die Ereignisse uns in ihren Strudel hineingerissen, und erst jetzt kommen wir dazu, die tieferen Gründe für unsere Wahl zu untersuchen.

Wir sind in Verona, und wir untersuchen immer noch. Schlagen wir nicht einen zu leichten, allgemein bekannten, allzu selbstverständlichen Weg ein, wenn wir als Gebiet unserer Nachforschungen die Wiege der abendländischen Kultur wählen? Aber es ist doch so, davon dürfen wir wohl ausgehen, daß der wahre Profi immer mit dem Selbstverständlichen anfängt.

Wir erinnern uns an das vor einigen Monaten durch eine Presseagenturmeldung aufgerührte

Interesse, derzufolge ein Prokurist aus Foggia »den Sinn des Daseins« entdeckt haben wollte, als er zufällig die Lower Granton Road, eine graue Straße am Stadtrand von Manchester, entlangging... Wir erinnern uns an die Hoffnungen, die auf einmal in ganz normale Haushaltstrichter gesetzt wurden, nachdem eine Kürschnerin aus Viborg behauptete, in der Form dieses Geräts »eine besondere Beziehung zum Sein« zu erkennen... Wir erinnern uns an die plötzliche Mode »intensiver« und »offenbarungsträchtiger« Orte wie Katmandu, die Seychellen, Zacatecas in Obermexiko oder Carpineto Sinello (Chieti).

Was ist von diesen Illusionen geblieben? Nichts! Griechenland hingegen...

Da werden unsere Überlegungen durch einen anglikanischen Pastor unterbrochen, der mit zwei großen Koffern hereinkommt, sich in einer Ecke niederläßt und anfängt, mit zweiflerischer Miene seinen Fahrausweis zu studieren.

»Do you speak English?« fragt er uns unweigerlich nach nicht einmal zwei Minuten.

»Very... peu«, antworten wir aus naheliegenden Gründen der Geheimhaltung unserer Mission.

Entmutigt bedient sich der Geistliche nun eines holprigen Italienisch, um sich bei uns zu erkundigen, ob das auch wirklich der Orientexpreß sei.

»*Welcher* Orientexpreß?« fragen wir mit einem

Anflug von Vorwurf in der Stimme zurück. Nichts geht uns mehr auf die Nerven, als diese internationalen Reisebanausen, die ohne die geringste Vorbereitung in die großen Expreßzüge steigen. Und nun erklären wir ihm geduldig den Unterschied zwischen den beiden »Orients«: dem *Simplon* mit Kurswagen nach Kiew und Moskau, der von Zagreb über Koprivnika, Gyekenyes nach Budapest fährt, und dem *Direct*, in dem wir sitzen, der sich nach Belgrad in den *Athènes-Express* nach Athen und den *Marmara-Express* nach Sofia und Istanbul teilen wird.

»Für jemand, der«, setzen wir großzügig hinzu, »nach Kleinasien und Mesopotamien weitermöchte, gibt es dann den *Taurus-Express* (allerdings im Unterschied zu den »Orients« kein Zug der *Compagnie des Wagons Lits et des Grands Express Internationaux*), der von Skutari nach Bagdad und Bassora fährt. Wohin wollen Sie?«

»Nach Vicenza«, antwortet der Elende, dessen einzige Sorge, wie sich jetzt herausstellt, war, der Orientexpreß könnte in dem venetischen Städtchen, in das er aus wer weiß welchen Gründen will, nicht halten.

Die Erbärmlichkeit dieser Begegnung betrübt uns. Wir haben doch auf eine recht andere atmosphärische Dichte gezählt, als wir den Orientexpreß genommen haben, statt irgendeinen der üblichen anonymen Jets ohne Geschichte und Tradition. Aber wir dürfen nicht vergessen, daß der berühmte Zug erst nach Venedig seinen wahren Charakter gewinnt, wenn seine Pullmanwagen und *sleeping cars* angehängt worden sind, die immer noch in alter Pracht von Messing, Mahagoni, Rosen- und Sandelholz erstrahlen.

Und in der Tat...

»Abendessen um acht«, informiert uns, die Hacken zusammenschlagend, der weißhaarige Schaffner, der uns unsere Schlafkabine aufgeschlossen hat.

Wir betrachten ihn mit Wohlgefallen: Männer wie diese haben Generation um Generation den *wagon-lits* einen Sinn und dem alten Europa eine Seele gegeben.

»Très bien«, antworten wir und reichen ihm eine halbe Krone. »Und richten Sie uns bitte das Bad.«

Ein Schatten tiefer Melancholie verdüstert darauf die Augen des Mannes.

»Leider, meine Herren...«

»Ach so, ja«, erinnern wir uns. »Macht nichts. Die Dusche wird es auch tun.«

Wir hatten vergessen, daß die Abteile mit Bad, ein Stolz des Zuges, 1914 nach der Tragödie von Sarajewo abgeschafft worden sind.

»Montenegriner?« erkundigen wir uns freundlich, während der Mann die Dusche einstellt. Wir glauben nämlich, in seinem makellosen Triestiner

Italienisch einen Akzent von Crkvice ausgemacht zu haben.

»Aus Dobra Gora«, ist die stolze Antwort.

Wir haben uns nur um wenige Kilometer geirrt und zeigen unsere Befriedigung dadurch, daß wir dem vornehmen Alten (ehemaliger Offizier Nikolaus' I.) eine weitere halbe Krone schenken.

Nachdem wir geduscht haben, vertrauen wir die interessante Begegnung unseren Notizbüchern an und treffen unsere Vorbereitungen für das Abendessen, was heißt, daß wir unsere Smokings, die wir heute früh in der Upim erstanden haben, auspakken.

IV

EIN SCHRECKLICHES GESTÄNDNIS

ALS WIR, WÄHREND DER ZUG hinter der Grenze in die Abenddämmerung rast, den *dining car* betreten, krampft sich uns das Herz zusammen. Das kleine Podium am hintersten Ende des Wagens, wo früher einmal ein Zigeunertrio oder ein kleines Damenorchester musizierten, ist jetzt mit Bier- und Mineralwasserkästen vollgestellt. Die herrlichen byzantinischen Mosaike, die die Wand zwischen den Fenstern schmückten, sind zum größten Teil abgefallen und hier und da schlecht und recht mit Tesafilm wieder angepappt. Und was die Gäste angeht: kaum jemand im Abendanzug. Einige sitzen sogar in T-Shirts da.

Der Maître, dem unsere Enttäuschung nicht entgeht, führt uns an den Tisch eines Herrn, dessen Gesicht wir nicht sehen, da er in das Studium der Speisekarte vertieft ist, der aber wenigstens einen dunklen Anzug trägt.

»Vous permettez?« fragen wir, bevor wir uns setzen.

»Do you speak English?« antwortet er und hebt den Kopf. Wer beschreibt unser Erstaunen, als wir in ihm den anglikanischen Pastor wiedererkennen, der doch in Vicenza aussteigen sollte.

Schlagartig steigt der Mann in unserer Achtung. Doch sein unerwartetes Wiederauftauchen flößt uns natürlich auch einiges Mißtrauen ein, das seine noch so offenherzige Erklärung nicht ganz zerstreuen kann.

Die Erzählung des anglikanischen Pastors

»Mein Name ist nicht von Bedeutung«, hebt der Geistliche in seinem ungeübten Italienisch an. »Ich stamme aus Shropshire, doch meine Pfarrei ist in einer Grafschaft weiter oben im Norden. Ich habe Frau und zwei Söhne, einer davon bereits erfolgreicher Vertreter der Singer in Cornwall. Dies ist... oder vielmehr war«, verbessert er sich mit einem Blick nach draußen auf die ersten Kühe der slowenischen Landschaft, »meine erste Reise nach Italien. Ich hege eine gewisse Vorliebe für die Architektur des Palladio, und dieses Jahr habe ich meine Familie in einem Kurort im Engadin gelassen und beschlossen, in Vicenza deren wunderbarste Beispiele aufzusuchen.«

Er unterbricht sich mit schmerzlicher Miene. Er streicht sich mit der Hand über die Stirn. Er scheint Schluckbeschwerden zu haben.

»Meine Unsicherheit«, hebt er wieder an, »ob

der Zug in jener Stadt halten würde oder nicht, hatte mich etwas in Aufregung versetzt, in einen Zustand fast körperlicher Unruhe. Und vielleicht trug auch ein Glas alten Merlots, das ich am Bahnhof von Verona genossen hatte, zu meiner merkwürdigen Verstörung bei... Jedenfalls, als ich in Vicenza ausgestiegen bin und den heiteren, noch von eurer Sonne glühenden Bahnsteig sah, den starken Duft eurer Oleanderbäume roch, die südlichen Rufe eurer Belegte Brötchen- und Limonadeverkäufer hörte, brachte das alles endgültig meine Phantasie und meine Sinne in Wallung.«

»Denken Sie jetzt bitte nicht«, fährt der gepeinigte Erzähler fort, nachdem er sich einen Augenblick das Gesicht mit den Händen bedeckt hat, »denken Sie bitte nicht, daß ich mildernde Umstände für mich in Anspruch nehmen will. Ich beschreibe nur ganz objektiv den Zustand, in dem ich mich befand, als ich die Koffer abstellte und mich nach einem Gepäckträger umsah. Es waren keine da. Voll staunender Benommenheit blieb ich stehen und betrachtete das Kommen und Gehen der Reisenden, einen Schaffner mit seiner Schultertasche, der ausgestiegen war und mit dem Bahnhofsvorsteher sprach, eine Gruppe Emigranten mit Strohflaschen und Mundharmonikas, zwei Kinder, die sich am Trinkbrunnen naßspritzten... Dann gab ich mir einen Ruck und wollte mich in Richtung Ausgang in Bewegung setzen, aber da hatte mein Herz schon wild zu pochen begonnen, obwohl ich noch nicht wußte, warum. Unwillkürlich kehrte mein Blick zu den beiden Kindern zurück, zu den Emigranten, zu dem Schaffner mit der Schultertasche und heftete sich schließlich auf den Bahnhofsvorsteher, der sich mit seiner Kelle anschickte, den Zug wieder abfahren zu lassen. Es war ein Mann von ungefähr fünfzig Jahren, mittlerer Statur, mehr oder weniger nußbraunen Augen und vermutlich grauen Haaren unter der roten Mütze. Nichts in seinem eher blassen und grobgeschnittenen Gesicht sprach von besonderer Intelligenz oder Schönheit. Doch eben in seiner müden und leicht gebückten Haltung, in dem nüchternen Winkel, mit dem die Mütze auf seinem Kopf saß, in der trägen Bewegung seines Arms, der die Kelle mit der doppelseitigen rot-grünen Tafel schwenkte, lag etwas, das wie ein Katalysator auf meine bereits beschriebenen wirren Impulse und Sehnsüchte wirkte, meinen inneren Tumult verstärkte und den Aufruhr meiner Sinne auf den Gipfel brachte. Kurz: Genau in dem Moment, als ich ihn seine Kelle heben und das Signal zur Abfahrt geben sah, fühlte ich, daß ich ihn wahnsinnig und verzweifelt begehrte.«

»Jetzt nicht, ich bitte Sie, jetzt nicht«, murmelt der Unglückliche, worauf sich zu unserer Enttäuschung der Sommelier, der uns die Weinkarte vorlegen wollte, wieder zurückzieht. Und krampfhaft ein Päckchen Crackers zermalmend nimmt der Pastor mit brechender Stimme seine Erzählung wieder auf: »Es war nur ein Augenblick. Einen Moment später hatte ich meine Koffer wieder in der Hand, war wieder in diesen Zug eingestiegen, saß zitternd und zusammengekauert in einer Ecke und hätte mich am liebsten vor den Blicken meiner Mitmenschen verkrochen … Ich war völlig vernichtet. Ausgenommen eine einzige, weit zurückliegende Episode aus meiner Knabenzeit in Verbindung mit einem Glöckner der Kathedrale von Salisbury, waren meine Handlungen und Gedanken immer völlig frei von Verderbnis und ohne jeden Tadel gewesen. Und jetzt?«

Wir nutzen die lange Pause, um diskret den Sommelier zurückzurufen und einen Szombathely zu bestellen, ein ungarisches Weinchen, das uns dem bemitleidenswerten Anlaß angemessen scheint. Aber nicht nur zu Mitgefühl bewegt uns diese feingesponnene Kundgebung des Zufalls.

Wenn dieser Mann, überlegen wir, nicht seine harmlose Vorliebe für die Architektur des Palladio entwickelt hätte, befände er sich vielleicht jetzt nicht da, wo er ist. Oder hat Vicenza mit seinem schrecklichen Prankenhieb ihn vielleicht doch schon von seinem ersten Schrei an erwartet, gleich welchen Architekturstil er vorgezogen hätte …

»Vorherbestimmung oder freier Wille?« fragt der Reverend, als hätte er unsere Gedanken gelesen. »Das ist doch immer wieder die ungelöste Frage.«

Auf diesen konfessionellen Nenner gebracht, interessiert uns das Dilemma weniger. Wir würden uns lieber, auch in Anbetracht unseres Reiseziels, auf Demokrit und auf seinen Fortsetzer Epikur berufen. Für Demokrit ist es so: Wenn dich die Atome einmal nach Vicenza führen, dann hilft nichts, du kommst nicht um den Bahnhofsvorsteher herum. Für Epikur hingegen ist das nicht ganz hundertprozentig gesagt: Du kannst auch in Portogruaro enden.

Leider aber, denken wir, während wir die anderen Insassen des Speisewagens betrachten, die der Zug mit uns durch die Nacht befördert, herrschte bei beiden Philosophen Einigkeit über diesen deprimierenden Grundsatz: »Stillstehen ist dumpfe Trägheit. Sich bewegen aber Wahnsinn.«

V

EIN UNVORHERGESEHENER HALT

OFFENSICHTLICH durch sein Geständnis erleich-
tert, lehnt der Reverend die Vorspeise ab und ent-
scheidet sich für die Rigatoni mit Tomatensoße, von
denen er sich reichlich auftut. Wir tun munter des-
gleichen, doch während er mit vollen Backen kaut,
können wir uns nicht enthalten, ihn verwundert zu
beobachten.

Indem er uns so vertrauensselig sein Herz aufgeschlossen hat, bemerken wir jetzt, ist es ihm in aller
Natürlichkeit gelungen, uns weder seinen Namen
noch sein gegenwärtiges Reiseziel mitzuteilen. Wie
sollen wir ausschließen, daß der Geheimdienst von
Cefis und Fanfani, als in Chiasso festgestellt wurde,
daß wir nicht im TEE nach Basel und Mulhouse waren, nicht sofort andere Spürhunde auf uns ange-
setzt hat? Dann wäre es kein Zufall, daß dieser vor-
gebliche Held eines düsteren Seelen- und Ichdramas
in Verona zugestiegen ist.

Doch ob wahr oder erfunden, seine Geschichte
hat jedenfalls das Erscheinungsniveau des Speisewagens gehoben, den Verfall seiner Ausstattung
wettgemacht und auch denjenigen Reisenden, die

in einem Zug von solch illustrer existenzieller Tradition ganz unpassend wirken könnten, eine gewisse Aura dialektischer Ambiguität verliehen.

Damit meinen wir allerdings nicht das bejahrte Paar mit um den Hals gebundener Serviette, das rechts von uns zum dritten Mal einen Nachschlag Bratkartoffeln verlangt; trotz seiner schlichten Erscheinung und Manieren ist es nicht schwer, es als zum ältesten schwedischen Adel zugehörig »einzuordnen«, vermutlich aus Schonen, und abzuleiten, daß die Reise zu dem großen Markt von Svetozarevo geht, um siebenbürgische Polopferde zu kaufen.

Doch der schmierige Dickbauch in Hosenträgern und mit dem Hut auf dem Kopf, der zwei Tische weiter so auffällig von seinen Tischgenossinnen absticht (drei Archäologinnen aus Heidelberg oder wenigstens aus Lugano, deutlich erkennbar unter ihren Vorstadtboutiquenfähnchen), verbirgt nicht auch er eine reiche Virtualität? Aber ja doch! In dem Spiel des kleinen Fingers, den er sich in ein Ohr steckt, erkennen wir in der Tat eine außergewöhnliche Sensibilität und Zartheit, die mit großer Plausibilität für die Vermutung sprechen, daß es sich um einen berühmten Cellisten auf Tournee durch die balkanischen Hauptstädte handeln muß.

Schwieriger wird es allerdings, abgesehen von einer rettungslosen Gruppe lärmender französischer Touristen, dem farblosen Individuum, das am Ende des Wagens sitzt, irgendeine Bedeutung zuzuschreiben; und das um so mehr, als der Mann wie durch einen seltsamen Zufall jedesmal, wenn wir nach ihm hinsehen, die Serviette zum Gesicht führt oder sich bückt, um etwas aufzuheben.

Diese Manöver geben uns schließlich zu denken, so daß wir den unbestimmten Verdacht, den wir in bezug auf den unglücklichen Pastor hegten, nun auf ihn verschieben. Wir tun, unter den betrübten Blikken des Maître, so, als konzentrierten wir uns ganz darauf, mit Brotstücken unsere Nudelteller blankzuwischen, und beobachten verstohlen den Unbekannten...

Und was für ein Unbekannter! Oho! Die glatten blonden Haare, die dicke Schildpattbrille auf der sommersprossigen Nase, die bleichen Tütenohren, die langen Pferdezähne, die schwarzsilberne Krawatte des Magdalen College von Oxford gehören unverwechselbar zu Philip Campbell-Bannerman, dem Philosophiekorrespondenten der *Times*!

Campbell-Bannerman muß auch in Italien nicht besonders vorgestellt werden. Er war es doch, der 1957 einer von der Kommission Skefauver übersehenen Spur nachging und aufdeckte, daß in Brooklyn die ganze ontologische Spekulation von der Mafia kontrolliert wurde, der darauf seine Nachforschungen nach Palermo verlegte und einen schändlichen Nahosthandel mit leibnizianischen Monaden auffliegen ließ. Und er war es auch, der die hinter dem Rücken der Partner des Atlantikpakts getroffene Einigung de Gaulles mit der UdSSR in bezug auf die Frage der Immanenz bekanntmachte und so Frankreichs Austritt aus der Nato veranlaßte. Und schließlich, aber das ist Geschichte von gestern, war er es, der als den wahren Grund für den Fall Brandts die mangelnden Vorkehrungen für die weniger berücksichtigten Kantschen Kategorien erkannte.

Die Anwesenheit eines Korrespondenten dieses Kalibers bestätigt uns, daß wir auf dem rechten Weg sind: Um heutzutage Informationen über den Sinn des Lebens einzuholen, muß man nicht nur in das alte Griechenland zurückkehren, sondern das auch auf dieser alten Lehrmeisterin des Lebens und Denkens tun: der Bahnlinie London-Istanbul.

Campbell-Bannerman muß andererseits in bezug auf uns die gleichen Überlegungen angestellt haben, und deshalb versucht er so angestrengt, sich zu verstecken. Für ihn sind wir gefährliche Rivalen, ganz wie er für uns einer ist.

»Warum das alles? Das ist zuviel! Einfach zuviel!« ruft da der anglikanische Pastor aus und reißt uns aus unseren Betrachtungen.

Wir hatten das interessante Drama dieses Mannes völlig vergessen.

»Hören Sie. Ihr Warum«, antworten wir ernst, »gehört zu denen, die die Menschheit seit Jahrtausenden umtreiben. Ihr... äh... Unfall mit dem Bahnhofsvorsteher schließt es ein, erschöpft es aber nicht. Und wenn das Leben einen...«

Abrupt brechen wir ab, einerseits, weil wir uns nicht zu sehr offenbaren wollen, für den Fall, daß der Mann am Ende doch ein Spion ist, andererseits, weil wir, den Blick hebend, bemerken, daß sein Ausruf die allzu reichliche Portion grüner Bohnen betraf, die der Steward ihm auf den Teller geladen hat.

Die ersten Eindrücke sind immer die richtigen. Dieser Angelsachse ist, welcher Art sein Schicksal und seine Verfehlungen auch sein mögen, als gnoseologisches Werkzeug nicht zu gebrauchen, eine komplette Null. Wir richten den Blick wieder auf den mitteleuropäischen Cellisten, hinter dem nun, jenseits der schwarzen Fensterscheibe, bereits magyarische und transkarpatische Landschaftsformen die Überhand gewinnen... Wir blicken auf das glänzende Gold von Byzanz auf den restlichen Steinchen der zerstörten Mosaike... Wir sehen schon jetzt in den Augen der drei Archäologinnen aus Heidelberg die Überfahrt über den Bosporus zu den tausendjährigen Ruinen von Babylon und Ur...

Doch der draußen in der Finsternis erschallende

Name eines kleinen Bahnhofs, Ivanje Selo, führt uns wieder in einen serbo-kroatischen Kontext auf das Gebiet der Mittelmächte zurück. Wiederholtes Pfeifen und in der Dunkelheit geschwenkte Laternen. Der faszinierende Reiz des Orientexpreß.

Warum aber dieser unvorhergesehene Halt? Ein Gefühl der Erwartung, ja fast Spannung bemächtigt sich der bewußteren, geistig fitteren Insassen des Speisewagens. Ein Hauch von Unerwartetem, von wahrem und wahrhaftigem antimechanistischem Indeterminismus durchströmt den *dining car*...

Und dann, während der Zug sich wieder in Bewegung setzt, geht die hintere Tür des Wagens auf, und in ihrem rauchigen Rahmen erscheint uns der Sinn des Lebens.

VI

DIE UNBEKANNTE VOM ORIENTEXPRESS

Es folgt verblüfftes Schweigen. Alle sitzen reglos da und starren auf die in Ivanje Selo zugestiegene Unbekannte. Nur das rhythmische Rattern der Räder ist zu hören und dann das Klirren der Gabel, die Campbell-Bannerman aus der Hand gefallen ist (hat also auch er in diesem betörenden Geschöpf den Sinn des Lebens erkannt?). Doch nun materialisiert sich das allgemeine Staunen, die fast religiöse Bestürzung in verschiedenen Äußerungen.

Die Gruppe französischer Touristen schlägt nach einem vergeblichen Versuch, ihrem erbärmlichen Ich durch plumpe Blödeleien wieder aufzuhelfen, die Hände vors Gesicht und bricht in Schluchzen aus. Der Dickwanst in Hosenträgern nimmt seinen Hut ab und hält ihn sich mit gesenktem Kopf vor die Brust, als wäre er in der Kirche. Die drei jungen Frauen aus Heidelberg fassen sich unwillkürlich an die Haare, sehen sich eine Weile ihre Fingernägel an und zucken schließlich ostentativ gleichgültig die Achseln; doch eine eisige Hand hat sich ihnen sichtlich auf ihre Archäologinnenherzen gelegt: Kann es wirklich der Zweck des Lebens sein, fragt diese

Hand, Etiketten auf Schachteln mit mesopotami-
schen Scherben zu kleben?

Was uns angeht, so müssen wir den Mann vom
Journalisten unterscheiden. Dem Mann stockt der
Atem. Dem Journalisten... ebenfalls. Vergeblich
haben wir versucht, Hand an unsere Notizbücher
zu legen, um unseren Lesern unverzüglich einen ersten, wenn auch noch ungenauen Bericht über das
Höchste Gut zu liefern. Und jetzt werden wir von
einer neuen Entwicklung der Dinge überrollt.

Der Maître, welcher der Erscheinung sofort ent-
gegengeeilt ist, war bis jetzt der einzige hier, der
keinen Augenblick lang Bestürzung an den Tag gelegt hat. Seine Verbeugung und sein »Madame...«
sind von einer Natürlichkeit, der nur noch ihre
technische Vollendung gleichkommt. Die Geste,
mit der er sozusagen den ganzen Saal der Göttin zu
Füßen legte, hat sich tadellos mit einem wütenden
Wink der anderen Hand verbunden, mit dem er
den Koch und die beiden Küchenjungen, die neu-
gierig in den Speisewagen hineingeguckt haben
und wie vom Donner gerührt stehengeblieben
sind, in ihr Loch zurückgescheucht hat. Doch eine
tiefe Furche hat sich in seine Stirn eingegraben, als
er sich auf der Suche nach einem Tisch umgesehen
hat, und nun, nachdem er offenbar unsere zerknitterten Smokings und den abgewetzten *clergyman*
unseres Gefährten als das kleinste Übel einge-

schätzt hat, führt er das Höchste Wesen hin zu uns...

»Par ici, madame...«

Krampfhaft klammern wir uns an das Tischtuch, um das Zittern unserer Hände zu kaschieren, doch unser läppischer Versuch, uns mit ungezwungener, lächelnder Vornehmheit zu erheben, endet in einem ungeschickten, erbärmlich peinlichen Aufspringen, als wären wir Rekruten.

Zum Glück ist das Geschöpf blind. Während drei Stewards unter Anleitung des Maître zu seiner Entkleidung schreiten, nehmen seine Augen von der Farbe baltischen Herbstlichts nichts an Kontingentem, Unmittelbarem wahr, sondern verweilen zärtlich auf kostbaren und nunmehr zeitlosen inneren Bildern, die vielleicht wenige Auserwählte mit ihm teilen: die Pferde eines wartenden Schlittens, die sich flüchtig im Kristall einer Drehtür widerspiegeln; ein wappengeschmücktes und noch unerbrochenes Briefchen auf einem Toilettentisch zwischen edelgeformten Gegenständen aus Schildpatt und Silber; ein Kastanienblatt, das lachend zwischen zwei Donaukieseln auf große Fahrt geschickt wird; das matte Durcheinander der Kissen eines zerwühlten Diwans unter einem hohen, hellen Fenster vor dem Sonnenuntergang...

Die Entkleidung ist vollendet. Einer der Stewards hat der Erscheinung den kurzen, strengen, fast militärischen Mantel aus Samarkandfuchs abgenommen und hält ihn nun voller Verehrung auf seinen ausgestreckten Armen; ein zweiter hat den Musselinschleier empfangen, der wie ein Hauch das Aschblond ihrer Haare umflorte; der dritte erhält die langen Handschuhe und gibt ihr dafür die Handtasche und ein Büchlein – gewiß moralischer Maximen – wieder, das sich bis jetzt bei ihm in frommer Hut befunden hat. Die drei ziehen sich zurück. Der Maître rückt ihr den Stuhl vom Tisch ab. Das Geschöpf sieht uns an.

Ja, lieber Leser! Sie hat uns angesehen! Mit einem kurzen Nicken hat sie vor dem Platznehmen gezeigt, daß sie unsere Gegenwart wahrgenommen hat. Und nun sitzt sie da, uns gegenüber, strahlend vor Schönheit in ihrem jadegrünen *fourreau*-Kleid, das sie von den goldenen Schuhen bis zu der blassen, hinreißend von Cartier vergüldeten Kehle umhüllt. Ihr Parfüm von Chanel...

Doch was ist das?...Warum ist der Pastor aufgesprungen, läuft taumelnd nach vorn zur Tür und verschwindet in Richtung Zuganfang?...Die Antwort erhalten wir wenige Augenblicke später durch einen leichten, aber unverwechselbaren Ruck unserer Räder, die über seine zermalmten Reste rollen.

Wir ahnen die Gründe für diese tragische Tat, und als wir die Unbekannte sehen, erkennen wir an ihrer Blässe, daß auch sie alles verfolgt hat.

»Diese Geistlichen«, murmelt sie tatsächlich nach einer kleinen Weile mit einem traurigen Lächeln, »sind immer die Verletzlichsten. Ich hätte nicht…« Sie unterbricht sich, um die vom Maître präsentierten Rigatoni zurückzuweisen und dafür eine Wolgaschildkrötenkonsommee zu bestellen. »Ich hätte mich nicht hierhersetzen dürfen.«

So hat der Zwischenfall wenigstens dazu gedient, zwischen uns das Eis zu brechen.

»Er war eine unruhige Seele«, trösten wir sie, »ein Mensch, der vor sich selbst auf der Flucht war. Er hat sich nicht wegen Ihnen umgebracht.«

»Ach nein?« fragt sie mit eisiger Stimme.

»Das heißt…«, stammeln wir, gewahr werdend, was für einen furchtbaren Patzer wir begangen haben, »in einem gewissen Sinn schon. Technisch gesehen geht der Selbstmord auf Ihr Konto.«

»Ah.«

»Tatsache ist, daß er sich in Ihrer Nähe einen Augenblick lang der Illusion hingegeben haben muß, seiner Besessenheit entrinnen zu können. Doch als er gemerkt hat, daß nicht einmal Sie imstande waren, den anderen aus seinem Herzen zu vertreiben…«

»Den anderen?«

»Den Bahnhofsvorsteher von Vicenza«, sehen wir uns zu erklären gezwungen. »Doch Sie dürfen sich dadurch nicht herabgesetzt fühlen. So sind eben die Zeiten heute, wissen Sie.«

Nach einem kurzen Zögern antwortet sie mit schallendem Gelächter. Als Frau von Klasse, die sie ist, hat sie die Sache mit Humor genommen.

Wir bestellen Champagner. Wir stellen uns vor.

»Dürfen wir Sie nach Ihrem Namen fragen?«

»Cavagnini-Spanzotti«, antwortet sie. »Armanda Cavagnini-Spanzotti aus Zandobbio in der Provinz Bergamo.« Doch sofort danach bricht sie wieder in schallendes Gelächter aus. »*Der Name, welcher der Name ist, ist nicht der wahre Name*«, bemerkt sie, den Anfang des Tao-tê-Ching zitierend.

Wir wissen den Spaß zu schätzen und spielen mit. »Welche Straße oder welcher Weg in Zandobbio?«

Und nun vervollständigt der Maître, der sich in diesen existentiellen Scherzgesprächen höchsten Niveaus auskennt wie selten einer, das Zitat, während er uns Dom Franzoni brut 1967 einschenkt: »*Tao k'o tao, fei ch'ang tao*«, sagt er doch tatsächlich auf chinesisch. »*Der Weg, welcher der Weg ist, ist nicht der wahre Weg.*«

Mitternacht. Der Zug heult das Savetal entlang. Zauberisch, ausweichend, spöttisch und flüchtig wie das Leben, hat die Fremde (sie allein, woher sie auch immer sei, hat das Recht auf diese Benennung) uns in ihren Bann geschlagen und ununterbrochen verblüfft durch… Wodurch eigentlich?, versuchen wir uns im Nebel des Dom Franzoni Rechenschaft zu geben. Durch Pausen, geheimnisvolles Verstummen, uralte Traurigkeit, die plötzlich von grundloser Lustigkeit, kindlicher Naivität abgelöst werden. Und dann und wann die Worte »Wer weiß«, auf unergründliche, unnachahmliche Weise verschleiert.

»Wer weiß?« antwortet sie auch jetzt auf unseren bereits unzählige Male vorgebrachten Vorschlag, uns später in unserer Kabine aufzusuchen, um unser Sammelbildchenalbum zu bewundern. Und sofort danach bricht sie wieder in schallendes Gelächter aus.

Auch dieses schallende Gelächter wiederholt sich zugegebenermaßen ein wenig. Aber gibt es nicht auch im Leben Wiederholungen?

»Platsch!« macht ein vergoldetes Mosaiksteinchen, das bei einem Ruck des Zuges einem von uns ins Glas fällt.

»Platsch?« fragt sie uns schelmisch. »Vielleicht«, lächelt sie. Und wieder, aber nun mit plötzlicher Schwermut: »Vielleicht.«

Da hilft nichts: Wenn das Geheimnis des Lebens sich nicht in dieser Unbekannten verbirgt, braucht man es woanders gar nicht mehr zu suchen.

»Die Sammelbildchen!« wiederholen wir drängend und verzweifelt, während sie sich erhebt, um sich zu verabschieden und in ihre Kabine zu gehen.

»Sagen Sie doch ja, gnädige Frau, oder auch nein, aber sagen Sie etwas! Möchten Sie?«

»Vorrei e non vorrei…« wirft uns das unerforschliche Geschöpf nun mozartsch hin, entfernt sich unter den gierigen Blicken der wenigen noch im Speisewagen gebliebenen Reisenden und läßt uns in grausamster Ungewißheit zurück.

VII

BERICHTERSTATTER IN DER NACHT

DER LESER HAT WOHL bereits geahnt, daß wir gar kein Album mit Sammelbildchen besitzen und es jedenfalls nicht dabei hätten, wenn wir auf Dienstreise sind. Das war nur ein Vorwand, um die Unbekannte zu einem Besuch in unserer Kabine zu verlocken. »Wird sie kommen? Wird sie nicht?« scheinen die ratternden Räder des durch die Dunkelheit rasenden Zugs unablässig zu fragen.

Mit Hilfe des alten Montenegriners (des ehemaligen Generaladjutanten Nikolaus' I. und gegenwärtigen Schaffners unseres *sleeper*) verteilen wir Kissen, versprühen Parfüms, legen *Bruyères* von Debussy auf dem zur Ausstattung unseres Abteils gehörenden Plattenspieler auf. Wird sie kommen? Wird sie nicht?

Der Oberst zieht sich zurück. Durch das Zugfenster drängt sich die bosnische Nacht mit ihren schroffen Bergen, ihren klagenden Rufen des *pivojac* (einer Waldkauzart), ihren schlafenden Hütten. Wird sie kommen, wird sie nicht? wiederholen die Räder unaufhaltsam.

»Klopf-klopf…«

Da ist sie!

Nein. Es ist Campbell-Bannerman, unser Kollege von der *Times*, der uns als erstes bittet, die Platte zu wechseln, da ihm – wie er sagt – Debussys Musik und insbesondere *Bruyères* den Magen umdrehen. Gleichzeitig stürzt er zum Fenster und macht es auf, um die immerhin ausgezeichneten Parfüms, die wir versprüht haben, herauszulassen. Das einzige, was er mit einem Grunzen billigt, sind die weichen, kunstvoll auf dem Teppichboden ausgelegten Kissen, und er streckt sich darauf aus, als wäre er bei sich zu Hause, nicht ohne seinen unzertrennlichen Flachmann mit holländischem Gin in Reichweite neben sich gestellt zu haben.

»Die Cavagnini-Spanzotti wird nicht kommen«, informiert er uns nach einem langen Schluck. »Als der Zug wegen Streckenbauarbeiten langsamer fahren mußte, hat sie die Gelegenheit ergriffen und ist mit einem naiven Maler aus Bjelovar (Zagreb) durchgebrannt.«

»Ist es ein großer Naiver?« suchen wir uns zu trösten.

»Einer der größten«, grunzt Campbell-Bannerman. »Schon an der Grenze zur Idiotie.«

Von groben und manchmal unerträglichen Manieren, von unglaublichem Zynismus und einem Geiz, wie er seinesgleichen sucht, ist der alte C. B. (Bannie für die Kollegen) im Grunde seines Herzens von lauterer Menschlichkeit; und er ist ein Mann, auf dessen Wort man sich hundertprozentig verlassen kann. Wenn er uns sagt, daß die Cavagnini-Spanzotti den Zug verlassen hat, heißt das, daß sie ihn wirklich verlassen hat.

»Dann kanntest du sie also?« fragen wir. »Du wirst uns aber doch nicht weismachen wollen, daß sie im Ernst Cavagnini-Spanzotti heißt und tatsächlich aus Zandobbio in der Provinz Bergamo ist?«

Bannie zieht sein Schächtelchen mit gebrauchten Kaugummis aus der Westentasche, wählt einen in noch guterhaltenem Zustand aus, und hebt, sparsam kauend, so zu sprechen an.

Die Erzählung des Korrespondenten der Times

»Ich habe diese Frau vor einigen Jahren kennengelernt, an der Pariser Metrostation Cardinal Lemoine, wo sie die Fahrkarten in Richtung Auteuil knipste. Meine Zeitung hatte mich mit einer kleinen sommerlichen Recherche über den Syllogismus beauftragt (schließlich müssen die Brötchen ja verdient werden!), und ich hatte daher ganz anderes im Kopf; doch sofort ist mir die haargenaue, verblüffende Ähnlichkeit dieser *poinçonneuse* mit dem spencerschen Unerkennbaren aufgefallen. Ich habe natürlich sofort London informiert und die Weisung erhalten, alles andere fallenzulassen und die junge Frau keine Sekunde mehr aus den Augen zu verlieren.

Ich persönlich habe Spencer immer für einen Dummkopf angesehen, aber es besteht kein Zweifel, daß sein Unerkennbares auch heute noch Schlagzeilen machen kann; und zudem haben wir viele neo-positivistische Abonnenten. Aber alle meine Versuche, mit der *poinçonneuse* in eine Beziehung zu treten, die über das bloße Lochen der Fahrkarte hinausgegangen wäre, erwiesen sich als vergeblich. Tage um Tage streckte ich, ausgestattet mit Fahrscheinblöcken à zehn Fahrten, ihr die teuren Kärtchen hin, ohne daß sie auch nur den Kopf gehoben hätte. Ich stieg die langen Treppen der Station Cardinal Lemoine hinunter, stellte mich in Richtung Auteuil an, wartete mit zugeschnürter Kehle auf das Knipsen ihrer Zange und fand mich dann mit meinem vergeblichen Loch auf überfüllten Zügen wieder und mußte zu Stationen fahren, zu denen ich nicht wollte – Mabillon, Duroc, Ségur, La Motte-Picquet-Grenelle…, von denen aus ich dann so schnell wie möglich im Taxi zu Cardinal Lemoine zurückkehrte.

Kurz, nach ein paar Wochen mußte ich mich der höhnischen Evidenz fügen: Das Unerkennbare, für das Spencer geschwärmt hatte, existierte wirklich und war da, inkarniert in dieser obskuren Angestellten des RATP (Réseau Autonome des Transports Parisiens), aber es erwies sich eben tatsächlich als völlig unerkennbar. Was nutzte es mir also, es identifiziert zu haben? Alles, was ich in Erfahrung bringen konnte, war, daß die Frau die Inhaberin eines Mitgliedsausweises der Sécurité Sociale war, ausgestellt auf eine gewisse Cavagnini-Spanzotti, geboren in Zandobbio. Niemand konnte mir mehr über sie sagen, und zudem war sie noch in der Probezeit und verschwand danach von der Bildfläche.«

»Uns ist es aber gelungen, mit ihr zu sprechen«, bemerken wir nach einer Weile des Schweigens.

»Freilich, aber was habt ihr aus ihr herausgebracht? Einen falschen Namen und – darauf würde ich schwören – ein paar *Vielleicht* und *Wer weiß*. Ein bißchen wenig für jemand, der den Sinn des Lebens sucht!«

Angesichts unserer konsternierten Gesichter bricht der alte Bannie in sarkastisches Lachen aus.

»Ihr glaubt doch nicht etwa«, sagt er, »ich hätte, als ich euch in diesem Zug gesehen habe, nicht sofort kapiert?«

»Und warum hast du dich dann versteckt?«

»Na ja«, gibt er etwas geknickt zu, »ich dachte, ich sei der einzige, der die Idee mit Griechenland gehabt hat. Und ich hatte das Geheimnis doch so eifersüchtig gehütet, gegen die stärksten Nötigungen gewisser Gruppen, die...«

»Haben sie es also auch bei dir versucht?« rufen wir. »Und wer?«

»Der übliche Mountbatten, diesmal im Verein mit der allmächtigen Transportgewerkschaft. Nicht einmal die *Times* ist ja, wie ihr wißt, sicher vor...«

»Aber, entschuldige, könnte es dann nicht auch sein, daß diese angebliche Spanzotti als Spionin hier ist?«

»Das glaube ich nicht. Die war immer nur dafür gut, daß man mit ihr seine Zeit verloren hat. Und sein Geld! Ich habe doch gesehen, wie ihr Dom Franzoni für 35 Pfund die Flasche bestellt habt«, grinst er. Er nimmt noch einen Schluck aus seinem Flachmann. »Um euch alles zu sagen«, fährt er vertraulich fort, »ich weiß von anderen Kollegen, die wie wir auf sie hereingefallen sind. Marmotton vom *Figaro* ist ihr in Hamburg begegnet, wo sie nachdenklich und geheimnisvoll in einem Autoskooter herumkurvte, auf dem er sich befand, um dem husserlschen Begriff des ›Spiels‹ nachzugehen. Und er hat sofort in ihr das kartesianische Cogito erkannt. Doch in dreiundfünfzig aufeinanderfolgenden Fahrten, die ihn stattliche DM 26,50 kosteten (die sich von der Zeitung rückerstatten zu lassen er nicht den Mut hatte), hat er nichts als tautologische ›Das stelle man sich einmal vor!‹ aus ihr herausgebracht, und dazu den üblichen falschen Namen und Herkunftsort. Und euer Herausgeber höchstpersönlich, als er noch beim *Corriere* war...«

Wir bitten ihn, diese möglicherweise peinliche Episode zu übergehen; und wir machen ihm den Vorschlag, nun, da wir alle unsere Karten auf den Tisch gelegt haben, die griechische Spur in loyaler Zusammenarbeit und nicht als Rivalen zu verfolgen.

»Das ist es ja gerade, was ich euch vorschlagen wollte«, grunzt er. Und um das Bündnis zu besiegeln, bietet er uns in einem Anfall von Großzügigkeit das Schächtelchen mit den Kaugummis an und nötigt uns geradezu, uns ungeniert daraus zu bedienen.

Zweiter Teil

DAS GEHEIMNIS VON HELLAS

VIII

DIE TOTE STADT

JEMAND RUFT DEN NAMEN DES ORTES. Aber wir sind die einzigen, vermerken wir verdutzt, die an dem nach Myrten und Zypressen duftenden Bahnsteig aussteigen. Diese ländlichen Eisenbahnen des Peloponnes sind offenbar bei den Touristen (und bei den Spionen) völlig unbekannt.

Fauchend und quietschend fährt das Züglein wieder ab, weiter ins staubige Argolis hinein, es befördert jetzt nur noch Einheimische, Bauern, Frauen mit Körben und Hühnerkäfigen, ein paar Rekruten auf Urlaub, ein, zwei bärtige Popen.

»MIKINAI« lesen wir voller Ehrfurcht an dem heruntergekommenen Bahnwärterhäuschen, das auch als Bahnhofsgebäude dient. Mykene! Von diesem uralten Ort erwarten wir uns die erste Eingebung, die erste Erleuchtung, die uns auf unserer Suche leiten soll.

»*Der Mensch in der Nacht zündet ein Licht für sich an*«, hat Campbell-Bannerman heute morgen beim Frühstück Heraklit den Dunklen zitiert. »Und genau so«, hat er hinzugesetzt, »macht es auch der philosophische Reporter, der noch mehr als die anderen im dunklen tappt und rein nach dem Gefühl vorgehen muß!«

Wir haben also nach einer kurzen Diskussion die mykenische Kultur als Ausgangsbasis gewählt und uns dann die Aufgaben geteilt. Bannie ist in Athen geblieben, um vor dem berühmtesten Zeugnis des mykenischen Griechisch auf eine Eingebung zu warten (einer grauen, rissigen Lehmtafel, katalogisiert als Ta-641, mit drei Zeilen *Linear B*-Schrift). Und wir sind hierher gekommen.

»Ja, Mykene...«, rufen wir bewegt. »Die unbeugsame Stadt, die den Feldzug gegen Troja anführte! ... Die düstere Akropolis, die Aischylos unsterblich gemacht und Schliemann ausgegraben hat! ... Das älteste, leuchtendste Symbol von Hellas! ... Die Mutter...«

»Entschuldigen Sie, meine Herren...«

»Einen Moment Geduld«, antworten wir dem Kerl, der uns von hinten am Ärmel zupft. »Die Mutter«, heben wir wieder an, »der mysteriösen Linear B-Schrift, die erst 1952 dem Engländer Michael Ventris ihr dreitausendjähriges Geheimnis offenbarte! ... So, das war's, was möchten Sie denn, guter Mann?«

»Wollen Sie mein Taxi. Zu den Ausgrabungen sind es gut drei Kilometer steil bergauf.«

»Ach ja, ausgezeichnet... Aber erlauben Sie noch einen Augenblick.«

Wir blicken hinauf nach dem felsigen Gebirgs-ausläufer, von dem sich die zyklopischen Mauern der Zitadelle abheben, linker Hand überragt vom Berg Zara, der »Wohnstätte meckernder Ziegen«, und rechter Hand von dem finsteren Gipfel, der heute nach dem Propheten Elias benannt ist und wo neulich Ausgrabungen einen gemauerten mykeni-schen Ausguck zutage befördert haben.

»Iù, iù!« rufen wir wie der Wachposten des Atri-denpalasts, mit dem die bekannte Trilogie von Aischylos einsetzt, als er auf eben dieser Bergspitze das Feuerzeichen aufleuchten sieht, das von Insel zu Insel, von Berg zu Berg weitergegeben wird, um den Fall Trojas und die Heimkehr Agamemnons zu melden.

Und genau in diesem Augenblick sehen wir auf eben dieser Bergspitze einen purpurnen Schein auf-flammen. Gewiß eine Fensterscheibe der alten Ka-pelle des Propheten Elias, die in der schon niedrig stehenden Sonne aufgeleuchtet hat. Aber wie sollen wir das nicht als glücksverheißendes Vorzeichen deuten!

»You, you!« hören wir nun auch laut hinter uns rufen, und als wir uns umdrehen, um zu erfahren, wer unsere Begeisterung teilt, sehen wir uns statt dessen einer in dieser Gegend nicht seltenen touri-stischen Szene gegenüber.

Aus einem englischen Reisebus, der an der Bahn-

schranke halten mußte, ist einer der »Gesellschafts-
reisenden« entschlüpft und klettert nun auf einen
dichtbelaubten Olivenbaum, um sich zu verstek-
ken. Doch der Reiseleiter und der Dolmetscher haben ihn unverzüglich entdeckt und rufen ihn uner-
bittlich zu seinen Pflichten zurück.

»Das reicht jetzt, Mr. Trollop! Sofort zurück zur
Gruppe! Der freie Nachmittag ist übermorgen.«

Unser Taxifahrer, in dessen Wagen wir nun einsteigen, erklärt uns, daß der Unglückselige nicht
nur versucht hat, einmal ein paar Stunden in Ruhe
gelassen zu werden, sondern auch, sich den ständigen Zuschlagszahlungen zu entziehen, mit denen
die Touristen des sogenannten »Alles inbegriffen«
geschröpft werden. Das Hinterland, setzt er hinzu,
ist voll solcher Flüchtlinge, die selbst von ihren
Konsulaten abgewiesen und erbarmungslos wieder
ihren Aufsehern und Peinigern ausgeliefert werden.

Der Wagen fährt die steile Straße hinauf, biegt
links ein, kommt an dem sogenannten Grab Agamemnons vorbei und erreicht den staubigen Park-
platz, wo wir zur Kasse eilen, um unsere Eintritts-
karten zu lösen.

»Wohlgebautes Mykene, goldreiche Stadt, Stadt
der breiten Straßen«, so spricht der alte Homer von
dem mehrtausendjährigen Ort, in dem wir nun
wachsam und erwartungsvoll herumgehen, bereit,

jeden Widerhall aufzunehmen, jede Eingebung zu beherzigen.

Als wir eingetreten sind, haben die beiden auf den Hinterbeinen stehenden, kopflosen Löwen des berühmten Tors uns feierlich eingeladen, über die Zeit, deren Rad über alles hinweggeht, nachzudenken. Aber hat dieselbe Zeit, die für immer ihre steinernen Häupter ausgelöscht hat, nicht doch das zwischen ihnen eingeschnittene Bild verschont, nämlich eben das der tragischen Königsburg? Eine doppeldeutige Botschaft, eine Botschaft, die es noch gründlich zu untersuchen gilt.

Später bei den Gräbern des Rings A (oder des »inneren« Rings) stehen wir vor den 19 Skeletten, die Schliemann und Stamatakis ausgegraben haben: acht Männer, neun Frauen und zwei Kinder aus der unglückseligen Familie, wegen der Kassandras Entsetzensschrei erschallte...

Auch diese Schatten haben vielleicht zu uns gesprochen. Doch nur ein zweideutiges Geraune ist leider an unsere Ohren gedrungen, als wir ihre Goldmasken betrachteten (jetzt im Archäol. Nationalmuseum von Athen, Öffnungszeiten 8–14 und 15–18 Uhr; Sonntag 10–14 Uhr; Montag geschlossen).

Nun steigen wir, etwas verschwitzt, etwas außer Atem, die steile *Königsstraße* (oder *große Treppe*) hinauf, die zum Palast der Atriden führt; wir begeben uns zum Fuß der hohen Osttreppe des unheilvollen Gebäudes; wir steigen auch die hinauf und setzen uns erschöpft, aber wachsamer denn je auf eine noch erhaltene Terrasse direkt über dem Chavos, dem Abgrund, der die Zitadelle vom Berg Zara mit seinen Ziegen trennt.

Die Sonne schickt sich zum Untergang an. In der im Abendrot erglühenden Luft schreien die Falken des Eubeagebirges lauter (die Falken des Eubeagebirges, wie D'Annunzio an eben diesem Ort beobachtete, schreien lauter, wenn die Luft im Abendrot erglüht).

Aischylos schlägt uns in seinen Bann.

Nur ein paar Schritte weit von uns entfernt hat Klytämnestra das rötliche Feuerzeichen gesehen, das die Rückkehr ihres Gatten Agamemnon anzeigt; und schon rüstet sie sich mit ihrem Geliebten Ägist zum grausamen Verbrechen. Beide haben sie die schwarzen Erinnyen bemerkt, die um sie herumfliegen, und wissen also sehr gut, daß auch sie ein schlimmes Ende erwartet. Aber nichts kann sie nunmehr aufhalten, wie auch nichts Agamemnon aufhalten kann, der doch Kassandra in höchsteigener Person bei sich hat, um ihn zu warnen.

»Otototòi pòpoi dà!« schreit prophetisch diese letztere. Und weiter bis zum Ende: »Aà! … Iò iò! …Eé, papài papài! …Iù iù, oh oh kakà! …«

Nichts. Der König der Atriden und sie, Kassandra, gehen zur Schlachtbank, und das wissen sie.

Und wußte zudem nicht auch der Onkel Agamemnons, Thyestes, als er seinen Bruder Atreus mit seiner Schwägerin Aerope betrog, sehr wohl, daß er mit dem Schlimmsten würde rechnen müssen? Er wußte es, aber er aß am Ende trotzdem das Fleisch seiner eigenen Kinder, das der andere ihm in Form von Grillspießchen zubereitet hatte. Und aus diesem grundlegenden Irrtum wurde dann aus einem Inzest Ägist geboren; denn der menschenfresserische Onkel mußte ja, um aus der Klemme herauszukommen, mit einem jungen Mädchen, das er im Wald getroffen hatte, Beilager halten, obwohl er in Wirklichkeit wußte, daß es sich um die eigene Tochter Pelopia handelte. Andererseits wußte auch das Mädchen, daß diese unvorsichtige Vereinigung dazu führen sollte, daß sie sich mit dem väterlichen Schwert durchbohren würde; trotzdem zögerte sie nicht, mit dem Onkel zu schlafen, der ja bereits ihre Geschwister liquidiert hatte und darüber nachdachte, wie er ihr Söhnchen als Werkzeug benutzen könnte, um endgültig auch ihren Vater aus dem Weg zu räumen. Doch zuletzt kommt es dann zu einer Absprache zwischen dem Sohn des Inzests und dem doppelt inzestuösen Vater, der zu einem vernichtenden Umsturz der Bündnisse auf Kosten des Onkels und des Vetters führt. Beseitigung dieses letzteren durch seine Frau mit Beihilfe ihres Liebhabers. Und endlicher Untergang der Familie, als der Enkel im Verein mit der Schwester, wie vorhergesehen, die Mutter und den Stiefvater umbringt.

Kurz zusammengefaßt: Alle wußten sie von Anfang an, wie es ausgehen würde, doch in diesem vorprogrammierten Marsch in die Katastrophe, mit Hilfe schwachsinniger Pläne und naturwidriger Vereinigungen, perfider Täuschungen und der Präsentation monströser Kompromisse, ging alles seinen Gang, als könnte oder wollte niemand etwas dagegen tun. Was soll man da anderes ableiten, als daß Aischylos, von Kassandra inspiriert (deren grauenhafter Schrei so noch einleuchtender wird) seine *Orestie* nach dem italienischen Vorbild der diversen Linke-Mitte-Koalitionen gestaltete?

IX

IN DER UNTERIRDISCHEN ZISTERNE

ABER MUSSTEN WIR EXTRA nach Griechenland fahren, um uns diese bekannten und unerbittlichen Mechanismen des Fatums bestätigen zu lassen? Ist das die ganze Botschaft des antiken Mykene? So fragen wir uns schwermütig, während wir die Rudel erschöpfter Touristen betrachten, die unbeugsame Reiseleiter durch die Ruinen hetzen. Und doch war uns bei der Ankunft jener Lichtschein auf der Bergspitze des Elias wie ein vielversprechender Zufall erschienen.

Wir blicken nun zu dem anderen Steilhang hinauf, dem des Berges Zara, der traditionellen Wohnstätte meckernder Ziegen. Die untergehende Sonne beleuchtet gerade ein paar dieser Tiere, die, einzeln herumkletternd, da und dort magere Büschel *zygos* (eine Art Zichorie) abrupfen und ab und zu ihre *tintinèloi* (eine Art Glöckchen) klingeln lassen. Und da sehen wir wieder einen starken Lichtschein aufblitzen.

Wieder eine im Sonnenuntergang aufleuchtende Glasscheibe? Ja, aber diesmal ist es das Glas eines mächtigen Feldstechers, der von einer Ziege auf uns gerichtet wird... Das heißt, nein, bei genauerem Hinsehen erkennen wir, daß es sich um einen Ziegenhirten handelt, der in Felle gekleidet und halb hinter einem kümmerlichen Gebüsch versteckt ist.

Es geht also wieder los, verdammt noch mal! Auf irgendeine Weise ist unsere Anwesenheit hier entdeckt worden, und der Mann dort spioniert jede unserer Bewegungen aus... Es sei denn, es handelt sich um einen normalen Voyeur, der vielleicht von unseren Trenchcoats fasziniert ist. Fetischismus und Voyeurismus sind ja leider unter den Hirten des Peloponnes ziemlich verbreitet. Oder es könnte sich auch um einen archäologischen Aufseher handeln, der den Abtransport zyklopischer Mauerblöcke durch skrupellose Touristen verhindern soll. Oder am Ende, und das ist vielleicht die einleuchtendste Erklärung, ist der Hirt wirklich ein Hirt, der sich dadurch ein Zubrot verdient, daß er die Reiseleiter auf sich seitwärts in die Büsche schlagende Touristen aufmerksam macht und die entsprechenden Kopfgelder kassiert.

Jedenfalls müssen wir dringend die Wahrheit herausfinden.

Wir setzen eine Miene tiefer Nachdenklichkeit auf, lassen den Blick über die Ruinen schweifen, als wollten wir ein letztes Mal unsere zusammengetragenen Daten prüfen, stehen auf und schlagen uns mit der Hand auf die Stirn, so wie man es macht, wenn man plötzlich weiß, wo man den Sinn des Lebens finden wird.

»In der unterirdischen Zisterne«, rufen wir, die Worte sorgfältig artikulierend, so daß der eventuelle Spion sie deutlich von unseren Lippen ablesen kann.

Darauf machen wir uns zur Nordostecke der zyklopischen Umfassungsmauern auf, wo eine niedrige, bogenförmig (oder besser: tonnenförmig) gewölbte Öffnung in einen dunklen, steil abfallenden Gang führt. Bevor wir eintreten, sehen wir uns vorsichtig um und stellen fest, daß der Ziegenhirt verschwunden ist. Wenn unser Verdacht begründet ist, klettert der Mann jetzt akrobatisch in den Chavos hinunter (den Abgrund, der den Berg Zara von der Zitadelle trennt), um auf dieser Seite wieder hinaufzukraxeln. Wir beginnen, das kühne, tief in die Erde hineinführende Mauerwerk hinunterzusteigen, das Ingenieure und Installateure vor 3500 Jahren hier angelegt haben. Der erste Treppenabsatz ist schwach von einer heutigen Lampe beleuchtet, aber dann versinken die Stufen in der Finsternis. Wir knipsen unter dem Gekreisch aufgescheuchter Fledermäuse unsere Stablampen an und steigen weiter bis zum zweiten Absatz, bis zum dritten. Lauschend bleiben wir stehen. Noch nichts. Unser Mann wird, falls er uns folgt, wohl gerade in diesem Augenblick in die geheime Nordpforte schlüpfen, die früher einmal als Ausgang bei Belagerungen diente. Wir steigen die letzte Treppe hinunter, und nun sind wir in der grandiosen Zisterne angekommen. Mit dem Strahl der Stablampen durchschneiden wir den finsteren Wasserspiegel, der immer noch von unterirdischen Quellen gespeist wird.

»Blubb.«

Eine Wasserratte? Ein mykenischer Frosch? Wir haben nicht die Zeit, uns Gewißheit zu verschaffen. Achtzehn Meter über uns hat jemand die Fledermäuse aufgescheucht. Fast unvernehmliche Geräusche (eines wegrollenden Steinchens, einer zertretenen Haselnußschale) kommen nach und nach näher... Wir schalten die Stablampen aus und postieren uns mit dem Rücken zu beiden Seiten des Eingangs. Noch ein paar Sekunden, dann ein leichtes Rascheln in allernächster Nähe...

»Jetzt!«

Völlig überrumpelt, denkt der Mann nicht einmal an Widerstand. Durch vier Knie auf der Brust an den Boden genagelt, blinzelt er in das Licht der Stablampen, die wir ihm ins Gesicht halten.

Es ist unser Ziegenhirt. Natürlich!

»Wer bist du? Wer schickt dich?«

Der Mann legt einen manierierten Stumpfsinn an den Tag und deutet winselnd mit dem Kinn auf die groben Felle, mit denen er bekleidet ist. Die Absicht dürfte sein, uns weiszumachen, daß er hier heruntergekommen ist, um eine verirrte Ziege zu suchen.

»Hast du etwa ein Zicklein verloren?« verhöhnen wir ihn.

Er verdreht verängstigt die Augen und nickt.

»Ich arm Hirt«, stammelt er. »Ich arm analphabetisch Hirt.«

Mit einem einzigen Ruck reißen wir ihm die schmutzigen Felle herunter und decken tadellos saubere und teure Schweizer Herrenunterwäsche auf.

»Ein Ziegenhirt, was?«

Aus seinem Quersack fördern wir zutage: den Feldstecher, mit dem Teleobjektiv aufgenommene Fotografien von uns beiden und von Bannie und ein Heftchen mit der Gebrauchsanweisung des Blinksignalapparats Ikon-Helios 22.

»Analphabet, was?«

Weinend gesteht der Mann, einem dem antiken Modell nachempfundenen Blinksignalnetz anzugehören, das jemand heimlich auf den wichtigsten Berggipfeln von Hellas installiert hat.

»Dann war also der Lichtschein, den wir auf der Eliasspitze gesehen haben, als wir auf dem Bahnhof ausgestiegen sind...«

»Ich, der eure Ankunft gemeldet hat.«

»Wem?«

»Meinem Kollegen auf dem anderen Gipfel, der

sie seinerseits an einen anderen weitergegeben haben wird. Aber mehr weiß ich nicht, das schwöre ich euch.«

»Und warum bist du hier heruntergekommen?«

»Wir von den Gipfeln haben auch Anweisung, allen euren Bewegungen zu folgen und diese durch Blinkzeichen zu melden.«

Mehr läßt sich nicht aus ihm herausbringen, außer einer unbestimmten Angabe, daß eine Friseuse aus Saloniki als Zwischenträgerin zwischen ihm und seinen unbekannten Auftraggebern fungiere.

Was tun? Wie sollen wir diesem primitiven, aber unfehlbaren Überwachungssystem entkommen? Für alle Fälle sorgen wir dafür, daß der falsche Ziegenhirt neutralisiert wird, d. h. wir fesseln und knebeln ihn. Es ist jetzt schon spät, und vor morgen früh wird ihn in dem hintersten Winkel der Krypta, in den wir ihn schleppen, niemand finden.

Wir sind auf dem Weg zurück zur Treppe, als wir von neuem im Wasser das Geräusch von vorhin vernehmen.

»Blubb... Blubb...«

Frösche, die, von unseren Stablampen aufgeschreckt, untertauchen? Doch auch diesmal wieder haben wir keine Zeit, uns dessen zu vergewissern. Schwere, überstürzte Schritte, von kehligen Flüchen auf deutsch begleitet, poltern die Treppe herunter. Drei Männer tauchen am Eingang auf, gehen

in die Hocke und lassen, ein Knie auf die Erde gestützt, eine erste Maschinenpistolengarbe über den
Wasserspiegel spritzen.

»Raus! Raus!« brüllen sie gleichzeitig.

Wir wollen schon mit erhobenen Händen vortre-
ten, als wir merken, daß der brutale Befehl gar nicht
uns galt. Prompt steigen zwei Holunderröhrchen,
die eine Handbreit über andere Wasserpflanzen
herausragten, in die Höhe, gefolgt von zwei Indivi-
duen, die sich unter der Wasseroberfläche versteckt
hielten.

X

MIT DEN DRILL-REISEN

DIE SZENE, der wir jetzt beiwohnen, ist erbarmungswürdig. Die beiden Unglücklichen, die sich in der Zisterne versteckt haben, sind Touristen, die mit dem Unternehmen Drill-Reisen hierhergekommen sind. Wir erkennen sie an der breitgestreiften Drillichjacke mit aufgedruckter Nummer vorn und hinten, die diese kleine, aber äußerst rührige Agentur ihren Kunden verpaßt.

»Schweine!« beschimpfen ihre Einfänger sie und prügeln wild mit den Kolben ihrer Maschinengewehre auf sie ein. »Ihr habt wohl geglaubt, wir würden ohne euch weiterfahren, was?«

Die beiden stammeln, sie wären bloß schnell mal im Wasser untergetaucht, um sich ein bißchen abzukühlen, doch die armselige Ausrede wird mit Hohnlachen und erneuten Prügeln aufgenommen, zuzüglich der Forderung einer sofortigen Zuschlagszahlung für »nicht im Tagesprogramm inbegriffenes Bad«.

»Wir haben aber keinen Pfennig mehr!« schluchzen die beiden. »Ihr habt uns doch schon alles, alles genommen!«

Eine schnelle Durchsuchung führt zu der Entdeckung eines einzigen Zehndrachmenscheins (zwei Mark fünfzig), der in der Jacke des Jüngeren eingenäht war, und eines silbernen Ohrsteckers im Ohrläppchen des anderen.

»Her mit dem Ohrring!« schreien die Folterknechte und schicken sich an, ihn mit einem Engländer herauszureißen.

»Augenblick mal!« schalten wir uns, aus dem Schatten hervortretend, ein. »Diesen Extra-Betrag zahlen *wir*, und wir sind auch bereit, ein angemessenes Lösegeld für diese Männer zu bezahlen. Doch unter einer Bedingung...«

Der Kleinbus der Drill-Reisen fährt in der Abenddämmerung auf Athen zu, und wir beide sitzen in gestreiften Drillichjacken neben dem Fahrer. Wir sind bereit, einen Besen zu fressen, falls uns in dieser Tarnung jemand erkennt!

Hinter uns sind, unter der Aufsicht des Reiseleiters und des Dolmetschers, mindestens zwanzig Zwangsarbeiter des Sightseeing mit ihren Siebensachen im Wageninneren zusammengepfercht. Die beiden Flüchtlinge, die wir freigekauft haben, um an ihre Stelle zu treten, sind auf dem Peloponnes zurückgeblieben, mit unseren Trenchcoats bekleidet und ein paar Zwiebäcken und einem gültigen Geleitbrief der Drill-Reisen versehen.

Wir haben nun die Gerania-Berge hinter uns und fahren in die erstickend schwüle Ebene von Mègara hinein. Rechts von uns verschwimmen Salamina, Ägina und die anderen Inseln des Saròniko-Golfs in violettem Dunst.

»Ein schöner Abend. Lassen wir sie ein bißchen singen«, sagt der Fahrer. »Singen!« brüllt er ins Mikrophon. »Ein Lied, zwei, drei!«

Aus dem Innern stimmt nach ein paar schwachen Protesten jemand ein trauriges *balareño* aus den Balearen an, eine Erinnerung an frühere Gesellschaftsreisen, und nach und nach singen alle mit vor Erschöpfung und Durst heiseren Stimmen mit. Es folgen ein *gavinellu* (Ballade) von der Costa Smeralda und ein kurzes baskisches Liedchen. Dann verröchelt der Gesang auf den ausgedorrten Lippen und erstirbt schließlich.

»Wasser! Wasser!« fleht eine Frau, als der Kleinbus an der Verkehrsampel eines Dorfes zum Stehen kommt. Doch der Reiseleiter und der Dolmetscher springen heraus und stoßen eilends die mitleidigen Hände einiger Einwohner zurück, die Trinkflaschen und *kalapathò* (eine Art aus Kürbissen geschnitzte Becher) hinaufreichen.

»Verdammte Schinder!« schreit eine Männerstimme. »Wenigstens das Wasser wird doch in eurem verdammten Preis inbegriffen sein!«

»Nein! Wasser ist *nicht* inbegriffen!« brüllt,

blutrot angelaufen, der Fahrer, der den Motor wieder durchstartet. Und er erklärt uns, daß seine Ladung streng und absolut trocken zu bleiben hat bis Athen, wo für diesen Abend ein Besuch im folkloristischen Viertel der Plaka und in verschiedenen, mit dem Reiseveranstalter vertraglich gebundenen Tavernen im Programm steht.

Athen. Kurzer Aufenthalt in der Herberge der Drill-Reisen (eine Barackenzeile am Stadtrand hinter dem alten Friedhof des Kerameikòs), wo die Essensration verteilt wird. Dann hätte die Gruppe Anspruch auf eine Stunde Ausruhen auf den Feldbetten, doch statt dessen kündigt der Reiseleiter auf unser Betreiben hin eine nicht im Programm enthaltene Besichtigung des Archäologischen Nationalmuseums an: »Dalli! Dalli!«

Alle quetschen sich wieder in den Kleinbus. Und kurz darauf sind wir in dem großen Mykenischen Saal des Museums, wo Campbell-Bannerman noch in das Studium des berühmten Täfelchens Ta-641 vertieft sein muß.

In der Tat, da ist er und macht sich vor dem Glaskasten mit den Schrifttafeln Notizen. Doch ganz ohne Zweifel: Hinter seinem Rücken wimmelt der Saal von Spionen! Wir beeilen uns daher, den mit den Leuten der Drill-Reisen verabredeten Plan auszuführen.

Die ganze Gruppe tut so, als wäre sie plötzlich von unwiderstehlichem Interesse für die Geschichte der Entzifferung der Linear B ergriffen und drängt sich um Bannie, der so durch eine undurchdringliche Mauer von Streifenjacken verborgen wird.

»Die Lehmtafel rechts unten beachten!« hebt gleichzeitig der Dolmetscher an. »Die kleinen Zeichnungen oder Ideogramme ansehen, die unter die mykenischen Schriftzeichen gemischt sind...«

»Wir sind's«, flüstern wir von hinten Bannie ins Ohr und reichen ihm ein Bündel Kleider. »Zieh diese gestreiften Sachen an und vertausche um Gottes willen auch deine Schildpattbrille mit dieser Ray-Ban! Wir erklären dir alles nachher.«

»1952«, fährt der Dolmetscher pedantisch fort, »war die Entzifferung der Linear B genannten mykenischen Schrift noch reine Theorie, als in Pylos dieses graue Täfelchen gefunden wurde. Nach dem Deutungsverfahren von Michael Ventris war es nun möglich, die ersten *Silbenschriftzeichen* der ersten zwei Zeilen als ›ti-ri-po-de‹ zu lesen. Und jetzt betrachten Sie einmal gut die Ideogramme, die den betreffenden zwei Zeilen folgen. Was stellen sie dar?«

»Dreifüße! Tripoden!« ruft die Gruppe hochbefriedigt, obwohl alle zittern, wenn sie an den sagenhaften Zuschlag denken, der diese gelehrte Führung sie kosten wird.

Unser Kollege hat inzwischen seine Verkleidung angezogen und kann ruhig mit uns zum Ausgang gehen. Wir setzten ihn über die neue Lage ins Bild.

»Ausgezeichnete Arbeit«, sagt er, während er mit uns in den Kleinbus steigt. »Aber diesen Drill-Leuten, wie weit können wir denen trauen?«

»So weit ihr wollt«, grinst der Reiseleiter, der mitgehört hat, »solange ihr unsere gesalzenen Extrazuschläge bezahlen könnt.«

XI

MAILAND IN DER LEITUNG

WIR SITZEN AUF DER SCHWELLE einer der Drill-Baracken, vor uns die ungepflegte gerodete Fläche hinter dem Friedhof des Kerameikòs. In der Ferne, hinter den Dächern und Schloten einer mondbeschienenen Ziegelfabrik, erstrahlt eine Ecke des von *Son et Lumière* erleuchteten Partenons (»Blick auf den Partenon« verspricht der Prospekt der Drill-Reisen). Die Mitglieder unserer Reisegesellschaft sind in der Plaka, um zu *bouzuki*-Klängen (einer Art japanische Mandoline) ihren folkloristischen Abend zu genießen, und hier ist jetzt alles still. Die einzigen Geräusche kommen von der unweiten verkehrsreichen Jerà Odos hinüber, und in dem nahen Lager der Intourist, das mit Stacheldraht eingezäunt ist, hören wir die gleichmäßigen Schritte der sowjetischen Reisewachen.

»Was schließt du daraus?« fragen wir Bannie, nachdem wir ihm die Geschichte mit dem Ziegenhirten und der Überwachungsorganisation auf den Berggipfeln berichtet haben. »So lebenswichtig unsere Ermittlung auch ist, findest du dieses Aufgebot an Streitkräften nicht auch etwas übertrieben?«

»Doch. Und um so mehr, als wir bis jetzt ja eigentlich nicht sagen können, daß wir besonders viel entdeckt hätten... Ihr in Mykene, habt ihr irgendeinen Hinweis ergattern können?«

»Ja und nein. Es gibt da unten enorme Fatumsvorkommen, aber wir sehen nicht recht, wie sie uns nützen könnten.«

»Fatum, was?«

»Ja, die Luft ist da so dick davon, daß man sie mit dem Messer schneiden kann... Und du? Hat dir dein Lehmtäfelchen nichts verraten?«

»Schwer zu sagen... Sicher, diese Linear B-Schriftzüge sind schon verdammt eindrucksvoll, aber wie ihr wißt, handelt es sich um ein Inventar, es ist einfach eine Geschirrliste, und mir scheint, daß die Botschaft für uns eher... wie soll ich sagen...«

»Zwischen den Zeilen liegt?«

»Genau. Oder vielmehr... Ich weiß nicht, zwei-, dreimal hatte ich plötzlich den Eindruck, ich hätte sie erfaßt, aber dann ist sie mir sofort wieder entglitten. Was wollt ihr auch? Es ist nicht leicht, sich zu konzentrieren, wenn man ein Dutzend Spione von mindestens drei verschiedenen Organisationen im Nacken hat.«

»Dann hast du es also auch gemerkt!«

»Ja, und auch ich habe mich nach dem Grund für dieses gewaltige Interesse gefragt. Es muß irgend etwas Neues geben, von dem wir nichts wissen. Vielleicht würde ich gut daran tun, meine Zeitung anzurufen.«

»Und wir unsere.«

»40000 Drachmen«, sagt der Funker von Drill-Reisen, nachdem Bannie über das Funktelefon der Baracke »G« nicht einmal zehn Minuten lang mit London gesprochen hat. Unser Kollege, der noch nicht an die Halsabschneiderei der rührigen Agentur gewöhnt ist, taumelt unter dem Schlag. Aber er zahlt, ohne zu mucksen. Offenbar hat ihm sein Herausgeber nicht nur Neuigkeiten mitgeteilt, die ihn sichtlich erschüttert haben, sondern ihn auch angewiesen, keine Kosten zu scheuen.

»Neuigkeiten?« fragen wir ihn, während der Funker seine mühsamen Versuche beginnt, eine Verbindung mit Mailand zu bekommen.

»Und was für welche! Die Londoner Hafenarbeiter sind seit gestern abend in wilden Streik getreten, und seit ein paar Stunden haben auch die von Liverpool und Bristol die Arbeit niedergelegt. Ihre Gewerkschaftsforderungen…«

»Mailand in der Leitung«, ruft der Telefonist.

»Ah, gut… Hallo? *Il Giornale*?«

»Antonio?« antwortet eine Frauenstimme. »Bist du's? Geht's dir gut? Was machen Isa und die Kinder? Hör mal, die wegen der Waschmaschine sind noch nicht gekommen. Da hab ich mir gedacht...«

»Aber wer spricht denn? Wir hatten Mailand verlangt.«

»Was Mailand, hier ist Gubbio, Familie De Meis. Spreche ich nicht mit Celle Ligure?«

»Aber nein! Hier...«

»Hallo, Athen? Hatten Sie Grosseto verlangt?« unterbricht die SIP, die italienische Telefongesellschaft.

Wir legen die Sache wieder in die Hände unseres Telefonisten und wenden uns Bannie zu.

»Was für ein Streik denn? Was hat das denn zu tun mit...«

»Die *dockers* behaupten, sie könnten so nicht weitermachen, einfach so blind einladen und ausladen. Sie verlangen von ihren *Unions*, daß im Einvernehmen mit der Regierung endlich ein klarer, objektiver Rahmen ihrer ethisch-religiösen Finalitäten definiert wird, der mehr umfaßt als den begrenzten Bereich von Tariflöhnen und Normen und sich eindeutig auf ein »Sein Müssen« bezieht, das die rein phänomenische Realität der Berufsgruppe transzendiert.«

Wir stoßen einen langen Pfiff aus.

»In schlichten Worten: Sie verlangen den Sinn des Lebens!«

»Genau, und nicht nur unsere Hafenarbeiter. In Bonn haben die beiden parlamentarischen Häuser den Bundeskanzler praktisch dazu gezwungen, spätestens bis zum 15. September ein ›Gesetzespaket‹ vorzulegen, das die Ratifikation einer *Weltanschauung* einschließen soll. Und in Frankreich...«

»Mailand, Mailand!« ruft uns der Telefonist wieder.

»Hallo, *Il Giornale*?«

»Hallo? Hier *Il Giornale*. Hallo? Hallo? Ich höre nichts. Wer spricht denn da?«

»Hallo«, brüllen wir, »hier F & L aus Athen. Ist der Herausgeber da?«

»Ah, ja, ich verbinde... Klick.«

Die Verbindung ist unterbrochen.

»In Frankreich«, fährt Campbell-Bannerman fort, während der Telefonist wieder bei Null anfängt, »ist dieses ja bereits symptomatische Ministerium, das Giscard geschaffen hat...«

»Das Ministerium für Lebensqualität?«

»Ja. Das ist einem sich auf der Durchreise befindenden Guru anvertraut worden und wird von jetzt an Ministerium für den Wahren Zweck des Lebens heißen.«

»Und was ist dieser Zweck?«

»Das wissen sie nicht. Deswegen haben sie doch das Ministerium eingerichtet.«

Diese letzte Nachricht ist wahrhaft haarsträubend. Wenn das schon so steht, wer weiß, was dann in Italien los ist! ...Und als es uns endlich gelingt, mit Montanelli zu sprechen, erweisen sich unsere Befürchtungen als nur allzu begründet.

»Hier gibt es kein Aufhalten mehr«, ist das erste, was er zu uns sagt, »alles dreht sich um die Bewußtseinsfindung. Sie haben schon eine staatliche Anstalt für Philosophische Forschung mit 18 000 Beschäftigten eingerichtet, aber jede Region schreit laut nach einem eigenen, autonomen Institut, es heißt, in Neapel werde das Leben doch ganz anders aufgefaßt als in Mailand.«

»Aber der Papst, was macht der Papst?«

»Der befindet sich praktisch im Belagerungszustand. In Rom kommt keiner mehr in die Stadt hinein oder aus der Stadt heraus, da ist der Notstand ausgerufen worden.«

»Und die Fiat?«

»Die hat schleunigst eine Anzahlung auf die neue *Metaphysikzulage* in die Lohntüten gesteckt und angekündigt, daß in den Werken von Rivalta Platon- und Kantbüsten in Speziallegierungen zusammenmontiert werden sollen.«

»Gütiger Himmel! Aber haben wenigstens die Kommunisten...?«

»Nein, nein, die schwimmen auch mit dem Strom und fordern, alle spekulativen Vorkehrungen betreffs des sogenannten Schicksals, des sogenannten Todes und anderer ähnlicher Begriffsstrukturen bürgerlichen Ursprungs müßten der Privatinitiative entzogen werden. Aber sie sagen, die metaphysische Instanz werde heutzutage in den Massen sehr stark empfunden und ihre Partei...«

»Wie bitte?«

»...eine große Einheitsbewegung, die...«

»Was?«

»...Einheitsfront im Kampf für...«

»Wir verstehen nur die Hälfte!«

»...philosophische Stadtteilkomitees mit der Aufgabe...«

»Es kommt fast gar nichts mehr durch!« schreien wir.

»...mit Mastroianni in der Rolle Rousseaus. Und ihr, wie weit seid ihr?«

»Beim sogenannten Fatum. Hier gibt es noch eine ganze Menge davon, allerdings, es ist sehr dunkel.«

»Pah, das ist doch klar. Das Fatum allein, so ganz nackt und bloß, bleibt doch nichts weiter als eine Frage. Ihr müßtet euch beeilen, es in gewisse Zusammenhänge...«

»Was?«

»...auch eine unvollständige Lösung, denn die Lage wird allmählich wirklich...«

»Wie?«

»Also, ich zähle auf euch. Gebt euch Mühe und macht euch keine Sorgen wegen... Klick.«

Die Verbindung ist wieder unterbrochen.

XII

DER HINWEIS DER DREIFÜSSE

DIE GRUPPE ist von ihrer *By-night*-Tour durch das folkloristische Viertel der Plaka zurückgekehrt. Doch nach dem Appell, der auf dem Platz vor den Baracken abgehalten wird, müssen alle dableiben und weiter strammstehen, um der Bestrafung zweier ihrer Gefährten beizuwohnen. Es handelt sich um einen Ingenieur, der dabei erwischt worden ist, wie er mit ein paar Eingeborenen *sirtaki* tanzte, ohne die vorgeschriebene »Taxe für Teilnahme an authentischen lokalen Bräuchen« bezahlt zu haben, und um eine Frau, die versucht hat, in einem Shop, der nicht mit der Agentur unter Vertrag steht, *bràkai* (eine Art griechischer Unterhosen) zu erwerben. Die beiden werden gezwungen, dem Reiseleiter alle ihre Souvenirs auszuhändigen, der nun grausam vor ihren Augen zu deren Zerstörung schreitet und sie unter seinem Absatz zermalmt.

»Morgen«, kommt uns später der Fahrer Mitteilung machen, »müßten wir eigentlich alle zum Kap Sunion und zur Besichtigung von ein paar Klöstern verfrachten. Ist das für euch in Ordnung, oder wollt ihr, daß wir das Programm ändern?«

Wir sehen uns unsicher an.

»Das wissen wir noch nicht«, antwortet Bannerman. »Falls ja, sagen wir euch das morgen früh.«

Der Mann zuckt die Achseln. »Solange ihr zahlt…«, sagt er und entfernt sich in Richtung Rezeptionsbaracke. Wir hören ihn im Dunkeln einen Gruß mit dem Wachposten des angrenzenden Lagers der Intourist, der sowjetischen Reiseagentur, wechseln.

»Gute Nacht, Grigorij!«

»Dobry noč.«

Auch wir sind müde, aber wir können nicht einmal im Traum daran denken, schlafen zu gehen. Wir müssen überlegen. Mit Bannie, der sich ab und zu mit einem Schlückchen aus seinem Flachmann erfrischt, gehen wir langsam den schmalen Pfad entlang, der neben dem uralten Friedhof des Kerameikòs herläuft.

Im Grunde erstaunen uns die Nachrichten, die wir aus Mailand und London erhalten haben, nicht allzu sehr. Sowohl die *Times* als auch das *Giornale* hatten es ja deutlich gespürt, daß ein starkes Interesse für den Sinn des Lebens in der Luft lag. Höchstens könnte uns die Geschwindigkeit überraschen, mit der dieses Interesse sich ausbreitet und zu einer sozialen Grundforderung zu werden scheint.

»Jetzt zeigt sich«, scherzen wir, »wie fatal die Sache doch ist. Aber das Fatum allein, wie unser Herausgeber uns gesagt hat, ist eben nichts weiter als eine Frage. Und wenn wir bedenken, daß…«

»Beim Zeus!« flucht Bannerman. »Ich hab's irgendwo im Hinterstübchen! Ich fühle, daß ich es habe! Und ich kann und kann einfach nicht den Finger darauf legen!«

»Worauf?«

»Auf diesen Hinweis, den ich auf dem Täfelchen mit den Dreifüßen entdeckt habe, wie mir scheinen wollte! Er muß irgendwie mit dem zusammenhängen, was ihr eben vom Fatum gesagt habt.«

»Daß es allein nicht ausreicht?«

»Genau. Allein ist das Fatum ein versiegeltes Buch«, sagt er und bleibt am Rand der Böschung stehen, die sich in die grasbewachsene Mulde herabsenkt, wo Säulenstümpfe und Grabstelen weißlich die *Gräberstraße* säumen. Doch seine Augen, sehen wir, sind starr auf eine andere Straße gerichtet, die im rechten Winkel die erstere schneidet und von Säulensockeln eingefaßt ist.

»Was für eine Straße ist das, die da drüben?« fragt er uns stirnrunzelnd. »Mir scheint, ich erinnere mich, daß hier doch einmal…«

»Die *Jerà Odos*, die Heilige Straße, verlief«, helfen wir ihm aus, »die von Athen nach Eleusis und seinen Mysterien führte, und nach Delphi mit seinem Orakel, seiner Pythia auf ihrem Drei…«

95

»Auf ihrem Dreifuß!« brüllt unser Kollege und schlägt sich so schallend mit der flachen Hand auf die Stirn, daß es lange in den Ruinen widerhallt. »Der Dreifuß der Pythia! Es ist nicht zu fassen! Den ganzen Tag hatte ich ihn vor Augen, und nicht einmal nur geschrieben, sondern auch gezeichnet!«

Wir fallen uns tiefbewegt in die Arme. Die Idee, in unseren heutigen Zeiten wieder das Orakel von Delphi zu befragen (keine zufällig, keine improvisiert entstandene, sondern eine in geduldiger Teamwork-Recherche gereifte Idee), ist eine von denen, die einfach das Herz des philosophischen Journalisten vor Stolz schwellen lassen müssen. Und wir zweifeln nicht daran, daß wir morgen – denn es ist klar, daß wir gleich morgen nach Delphi eilen – unseren Zeitungen große Dinge zu telegrafieren haben werden.

Voller Begeisterung und Hoffnung machen wir uns auf den Rückweg zur Herberge der Drill-Reisen und singen dabei aus vollem Hals Abschnitte aus der *Ethik* von Spinoza.

»Jede Eigenschaft einer Substa-ha-hanz«, singt Bannie, »muß für sich, muß für sich, muß für sich gefa-haßt we-herden!«

»Denn die Eigenschaft...«, setzen wir ein, »ist das, was der Verstand-stand-stand in der Substa-hahanz... erfaßt als...«

Beschämt brechen wir ab, wir haben den Refrain vergessen.

»Als… als was?« fragen wir Bannie.

»Als… Wartet, laßt mich nachdenken… Als… bedeutend?«

»Als bestimmend!« wispert ganz nahe eine Stimme aus dem Dunkel. »Als bestimmend für ihre Wesenheit!«

Verdutzt drehen wir uns um und stoßen beim ersten Schritt in die Richtung, aus der die Stimme gekommen ist, auf den Stacheldrahtzaun des Lagers der Intourist.

»Wer sind Sie?« fragen wir die undeutliche weibliche Gestalt, die sich auf der anderen Seite, an den gewundenen Stamm eines Ölbaums gestützt, abzeichnet.

»Eine sowjetische Touristin«, antwortet die Frau flüsternd, und kommt zum Zaun vor, an den sie sich mit beiden Händen klammert. »Aber bitte, bitte, sprecht leise. Unsere Wachen verstehen keinen Spaß.«

»Versuchen Sie zu flüchten? Wollen Sie im Westen um philosophisches Asyl bitten?«

Die Touristin – eine große, magere Frau schon fortgeschrittenen Alters, in einem langen grauen Kittel – hebt mit müdem Ausdruck die Schultern.

»Flüchten? Für mich ist es zu spät«, sagt sie bitter. »Ich bin nur hier herausgekommen, um ein bißchen nachzudenken. Aber ich muß vorsichtig sein: Nachts ist es verboten, sich von den Baracken zu entfernen. Und auch das Nachdenken ist nicht gern gesehen, bei uns.«

»Sie kennen ja Spinoza aus dem Effeff«, beglückwünschen wir sie. »Denken Sie oft nach?«

Zwei Tränen treten in die leidenschaftlichen, traurigen Augen der Frau. Ein Schluchzen unterdrückend, ergreift sie krampfhaft durch den Stacheldraht hindurch unsere Hände, sagt uns, sie heiße Ludmila Petrovna und beginnt unverzüglich, uns ihre Lebensgeschichte zu erzählen.

Die Erzählung Ludmila Petrovnas

»Ich bin 1904 in Odessa geboren und war von der Wiege an dem Einfluß des Revolutionsgedankens ausgesetzt. Meine Eltern, reiche, leichtsinnige Holzhändler, kümmerten sich nie um meine politische Erziehung und vertrauten mich ahnungslos voll und ganz der Pflege eines Kindermädchens an. Diese, eine außergewöhnliche Frau, die die Gefährtin eines wegen antizaristischer Umtriebe erschossenen Studenten gewesen war, hatte daher jede Freiheit, meinen zarten, aber äußerst frühreifen Geist zu formen. Als ich vier Monate alt war, las sie mir als Gutenachtgeschichte *Das Kapital* von Marx vor und sang mich mit den terroristischen Wiegenliedern Bakunins in den Schlaf. Mit acht Monaten brachte sie mich in den Stadtpark von Odessa und ließ mich auf einer Bank *Was tun?* von Lenin buchstabieren.

Aufmerksam und eifrig nahm ich in meinem Kinderwagen alles in mich auf (in diesem Alter sind wir ja die reinsten Schwämme), und als ich ein Jahr alt wurde, hatte ich bereits die sozialdemokratische Phase sowie die extremistisch-kindliche Phase überwunden und erhob schon voller Wut, lange vor Lenin selbst, meine kleinen Fäuste gegen den Empirokritizismus Machs und seiner russischen Anhänger.

Dann kam die Revolution von 1905, und, wie ihr wißt, entzündete sich diese ja gerade in Odessa, infolge einer Meuterei in der Schwarzmeerflotte. Ihr erinnert euch gewiß an den *Panzerkreuzer Potjemkin* von Eisenstein und an die Szene, wo die Kosaken in die Menge schießen, während ein Kinderwagen springend und hüpfend eine lange Treppe hinunterstürzt? Nun, das war mein Kinderwagen, und darin saß ich.«

XIII

EINE ENTSCHEIDENDE FRAGE

»KAUM HATTEN die mörderischen Kosaken sich zurückgezogen«, fährt die Petrovna fort, »bargen mitleidige Hände die sterblichen Reste meines Kindermädchens, das oben an der Treppe von Schüssen durchlöchert worden war; ich dagegen wurde unten in meinem Kinderwagen gefunden, weinend, aber unversehrt, und mehr denn je entschlossen, mein Leben der Sache der Revolution zu widmen.

Das tat ich, und von jenem Augenblick an kann ich sagen, daß es für mich nur eine einzige, alles andere verdrängende, unablässig bohrende Frage gab: ›Wann?‹

Erst ab 1917, nach dem Sieg der Sowjets, fing ich an, in mir eine schüchterne Stimme zu vernehmen, die bisweilen auch fragte: ›Warum?‹ Ich erkannte das unverzüglich als eine bürgerliche, ja gegenrevolutionäre Frage und schrieb sie dem unauslöschlichen Trauma des Treppensturzes zu, den gewaltsamen Erschütterungen meines Kinderwagens, von denen ich wohl zweifellos (so sagte ich mir) eine Gehirnverletzung davongetragen hatte.

Ich bemühte mich, diese lästige und immer dringlicher werdende Stimme dadurch zu ersticken, daß ich doppelt und dreifach für die Partei schuftete. Doch im Jahr 1923, an einem drückenden Regennachmittag, konnte ich nicht mehr widerstehen und vertraute mich fünf Genossen an, mit denen ich damals gerade eine elektrische Hochspannungsleitung durch die ukrainische Ebene zog. Einer von ihnen fiel, als er mein ›Warum?‹ hörte, vom Mast herunter und verschied auf der Stelle. Drei andere liefen unter unartikuliertem Geschrei auf und davon in die Steppe hinein. Der letzte stieß mir eine Revolvermündung in die Nierengegend und zwang mich, bis zur nächsten Eisenbahnstation (65 km) vor ihm herzugehen.

Er war Mitglied einer speziellen Anti-Warum-Sektion (AWS) der Geheimpolizei und hatte den Auftrag, gerade solche ›metaphysischen Schakale‹ wie mich zu entlarven.

Ich wurde zu fünfundzwanzig Jahren Zwangsarbeit verurteilt und hatte im Lauf meines Durchgangs durch die sibirischen Lager Gelegenheit, viele andere Schakale meiner Wesensart zu treffen. Die meisten waren in flagranti verhaftet worden, auf frischer Tat, während sie mit fragendem Ausdruck die ziehenden Wolken oder den gestirnten Himmel betrachteten; anderen waren bei einer Beerdigung reaktionäre Redewendungen herausgerutscht, wie zum Beispiel: ›Was will man machen, so ist halt das

Leben‹; wieder andere waren, als ihnen ausgerechnet in einem Augenblick der größten Eile der oberste Hemdenknopf absprang, von einem vorübergehenden Denunzianten gehört worden, wie sie riefen: ›Mußte das denn sein? Hat sich das Schicksal gegen mich verschworen?‹

1959, drei Jahre nach dem XX. Parteitag, wurden auch wir Leute des ›Warum?‹ befreit, allerdings erst nach langen Indoktrinations- und Rehabilitationssitzungen. In diesen Kursen wurde uns beigebracht, uns selbst, falls uns je wieder irgendein ›Warum?‹ entfahren sollte, die unverzügliche Antwort zu geben: ›Darum!‹ Außerdem wurden wir dazu abgerichtet, das Fragezeichen nur in ideologisch konstruktiven Kontexten zu verwenden, wie: ›Wieviel Uhr ist es?‹, ›Hast du die Schlüssel mit?‹ und ähnlichen.

Wir hatten auch die Ehre, den Besuch des Akademikers Traponov zu erhalten, der uns klarmachte, daß das sowieso schon seit jeher verkommene Fragezeichen nach der endgültigen Verwirklichung des Sozialismus von selbst entfallen werde.«

Ludmila Petrovna lacht leise auf und macht eine Pause. Sie blickt auf den Überwachungsturm, der sich dunkel in der Mitte des Lagers abzeichnet, und horcht auf den gleichmäßigen Schritt der Wachposten auf ihrer Runde um die Baracken herum. Ein

Strahl ungezähmten Stolzes leuchtet ihr plötzlich aus den Augen.

»Gerade in jenen demütigenden, erdrückenden Sitzungen entzündete sich der Funke des neuen revolutionären Gedankens. Eben in eine jener Schulbänke schnitzte ein turkmenischer Genosse die erschütternde, hinreißende, extreme Formulierung der dunklen Frage, die seit so vielen Jahren in unserem Bewußtsein wuchs und wuchs. Heute ist diese Frage der Titel eines grundlegenden und geheimen Buches, Werk eines Kollektivs, dem anzugehören ich mir zur Ehre anrechne.«

»Was für eine Frage?« drängen wir aufgeregt und zücken unsere Notizblöcke.

»Es ist die Frage, wegen der ich, übrigens aus List mit einer harmlosen Gruppe von Spargelstechern auf ihrem Fünfjahresurlaub, hierhergekommen bin. Die entscheidende Frage, die ich übermorgen dem Orakel zu stellen hoffte.«

Wir unterdrücken einen Ausruf der Verblüffung.

»Auch Sie«, flüstern wir, »auch Sie haben an Delphi gedacht?«

»Gewiß«, sagt die Petrovna traurig, »aber leider habe ich eben erfahren, daß wir nicht dahin kommen werden. Aus ›objektiv kulturellen‹ Gründen ist die Besichtigung von Delphi gestrichen und durch die einer modernen Speiseeisfabrik ersetzt worden.

Aber ihr...« setzt sie mit einem Blick auf unsere gestreiften Drillichjacken hinzu, »ihr werdet doch da hingebracht, oder?«

»Ja, gleich morgen.«

Durch den Stacheldraht hindurch drückt uns die Frau krampfhaft die Hände.

»Dann macht, daß unser Werk nicht vergebens gewesen ist! Stellt *ihr* dem Orakel unsere Frage!«

»Aber welche Frage denn, um Gottes willen!« drängen wir fieberhaft vor Angst, daß eine Aufklärungspatrouille uns überraschen könnte. »Welche?...Welche?...«

Ludmila Petrovna läßt unsere Hände los und späht hinter sich in das Dunkel.

»Ihr werdet selbst sehen«, sagt sie entschlossen. »Ich gehe jetzt das Werk holen, von dem ich euch gesprochen habe und dessen Absicht – seid euch dessen eingedenk! – es nicht etwa ist, die Leninsche Lehre von *Was tun?* zu zersetzen, sondern sie kritisch und dialektisch zu ergänzen.«

Einen Augenblick später ist sie verschwunden, und wir bleiben mit wild pochendem Herzen zurück angesichts der furchtbaren Gefahr, der sie sich aussetzt. Die Minuten scheinen Ewigkeiten zu dauern. Aus dem nahen Kerameikòs erhebt ein *krykryllos* (eine Art griechische Friedhofsgrille) laut sein unglückverheißendes Krikrikri...

Doch endlich, dem Himmel sei's gedankt, da kommt sie zurück! Ihr grauer Schatten löst sich aus dem Dunkel der Baracken, nachdem der patrouillierende Wachposten eben um die Ecke gebogen ist, und gleitet schnell und lautlos auf uns zu.

»Krikrikri!« wiederholt der Krykryllos.

Und genau in diesem Augenblick bricht ein trokkenes Zweiglein unter dem Fuß der Frau: »Kracks...«

»Halt!« brüllt es aus dem Dunkel heraus.

Wir halten uns die Augen zu. Mit einem Schlag sind die Scheinwerfer des Überwachungsturms angegangen und verfolgen erbarmungslos die Frau, die uns mit ihrem Buch in der Hand entgegenläuft.

»Halt!...«

Die Petrovna ist vielleicht noch zwanzig Meter von uns entfernt, als zwei Maschinengewehre ihr tödliches Geknatter anstimmen. Auch die Wachen schießen wild mit ihren *parabellum* los.

Die Unglückliche taumelt tödlich getroffen zur Seite, läuft aber weiter. Und bevor sie zu Boden stürzt, hat sie noch die Kraft, das Buch in unsere Richtung zu schleudern.

Der Wurf ist leider zu kurz. Das Bändchen fällt gute zwei Meter vor dem Zaun auf die Erde, weit außerhalb unserer Reichweite. Doch in dem grellen Licht der Scheinwerfer, während von allen Seiten Wachen und politische Kommissare herbeistürzen, können wir deutlich den Titel der bescheidenen Broschüre lesen.

»*Was mußten wir bloß das alles tun?*« ist die Frage, die unsere arme Ludmila als Abgeordnete ihres Kollektivs dem Orakel hätte stellen wollen.

XIV

DIE STADT DES ORAKELS

DIE SONNE steht schon hoch am Himmel, als unser Kleinbus der Drill-Reisen den Arachova-Paß erreicht. Von hier aus windet sich die Straße nach Delphi kurvenreich durch eine Landschaft kahler Berghänge und tiefer Granitschluchten. Der Fahrer schimpft, weil der Verkehr seiner Behauptung nach heute bedeutend schlimmer ist als sonst.

»Zuschlag für schwierige Straßenverhältnisse!« verkündet sogleich der Reiseleiter und geht durch, um von den resignierten Fahrgästen 100 Drachmen pro Person einzusammeln.

Aber es ist kein reiner Vorwand: Die Straße wird tatsächlich immer voller, je näher wir kommen, als flössen sämtliche Ströme des internationalen Tourismus in der Stadt des Orakels zusammen.

Die Sache flößt uns Besorgnis ein, sowohl wegen der Verspätung als auch weil eine solche Menschenmenge sicher unserer Sammlung hinderlich sein wird. Und zudem: Wieso ist denn gerade heute so ein Gedränge?

»Etwa doch nicht, weil es irgendwie bekanntgeworden ist, daß wir kommen wollten?«

Bannie zuckt die Achseln. »Das könnte schon sein, bei allen diesen Spionen um uns herum. Aber jetzt, wo überall die metaphysische Krise ausgebrochen ist, finde ich das eigentlich nicht besonders verwunderlich...«

Nur ruckweise geht die Fahrt weiter, mit immer häufigerem Halten, bis es ungefähr zehn Kilometer vor den Ruinen endgültig aus ist: eine Straßensperre der Verkehrspolizei.

»Stop!« befiehlt uns ein Schutzmann mit erhobenem Täfelchen. Und nach der voraussichtlichen Dauer des Aufenthalts befragt, schüttelt er den Kopf. »Ich weiß nicht. Ich glaube, heute kommt man hier nicht mehr durch.«

In diesem Augenblick stellen andere Männer der Verkehrspolizei weiter vorn ein großes Schild auf der Fahrbahn auf, mit der Aufschrift: »AUSVERKAUFT«.

»Aber das ist doch Wahnsinn!« schreien wir. »Wir sind doch extra hierhergekommen, um...«

»Nicht nur Sie«, macht uns der Schutzmann höflich auf die Tatsachen aufmerksam. »Seit heute früh in der Dämmerung ist hier ein Andrang wie noch nie zuvor. Abhauen, zum Teufel! ...« Dieser letzte Satz ist nicht an uns gerichtet, sondern an einen großen schwarzen Hund unbestimmter Rasse, der unablässig um ihn herumspringt und ihm die Hände und die Kelle leckt.

»Es tut mir leid«, meint er noch und versetzt dem Hund einen groben Tritt, so daß dieser jaulend davonstiebt. »Versuchen Sie es morgen wieder.«

»Wir könnten sie doch zu Fuß raufbringen«, schaltet sich der Reiseleiter ein. »Die Klienten der Drill-Reisen sind an so etwas gewöhnt. Nicht wahr, Kinder?« fragt er herablassend die Gruppe, die schicksalsergeben den Kopf senkt.

»Unmöglich«, antwortet ein Wachtmeister, der von der Straßensperre zu uns getreten ist. »Wir haben Anweisung, niemand durchzulassen, auch nicht zu Fuß.«

Am frühen Nachmittag erreichen wir die Höhenmarke 727, fast noch vollzählig. Nur wenige Alte sind unterwegs auf den anstrengenden Saumpfaden zusammengebrochen oder in Schluchten und Abgründe gestürzt. Doch die übrigen haben sich unter der Peitsche der Drill-Leute schlecht und recht bis hier herauf geschleppt; und jetzt wirken sie sogar richtig aufgekratzt, auch sie scheint die Nähe des Orakels zu galvanisieren.

Vor Stunden haben wir den Kleinbus in einer Klamm abgestellt und tatsächlich die Straßensperre umgangen. Über abschüssige Steilhänge und Felsrisse sind wir bis zum Doppelgipfel des Parnaß hinaufgekraxelt (wo wir übrigens einen alten Bekannten von uns überraschten, den falschen Ziegenhirten von Mykene, den wir von neuem gefesselt und geknebelt haben), dann auf der anderen Seite wieder hinunter und in das Hochtal des Pleistos (das heutige Xeropotamoi) hinein.

Jetzt brauchen wir nur noch das fast ausgetrocknete Flußbett entlangzusteigen, um zu dem majestätischen natürlichen Amphitheater zu gelangen, das die Alten mit seiner Heiligen Einfriedungsmauer und seinem Tempel der Weissagung »die Mitte der Welt« nannten.

»Du, was willst du das Orakel fragen?« hören wir sie hinter uns plaudern, als wir uns wieder in Bewegung setzen.

»Böhh?...Und du?«

»Fragen wir es doch, wie das noch weitergehen soll!«

»Mit den Drill-Reisen?«

»Nein, ich habe gemeint: mehr im allgemeinen, mit dieser Inflation, zum Beispiel.«

»Aber wir sollten ihm auch etwas von Claudias Scheidung sagen, denn ich finde, Claudia macht einen schweren Fehler, wenn...«

»Ich würde ihm gerne ein paar Erziehungsfragen unterbreiten: meine Tochter kommt dieses Jahr ins Gymnasium, und ich weiß nicht...«

»Wie viele Fragen darf man eigentlich stellen?«

Obwohl wir wissen, daß die meisten Fragen, welche die antiken Pilger hierherführten, auch nicht anders waren, ärgern uns diese Dummheiten. Und auch dieser verfluchte Hund geht uns auf die Nerven, der sich nach dem Fußtritt des Schutzmanns mit der Kelle an unsere Gruppe geheftet hat und uns mit seinem Gekläff belästigt.

Aber unsere Gereiztheit erreicht ihren Höhepunkt, als wir auf das archäologische Gelände hinauskommen und in die Heilige Einfriedung eintreten: Alles ist hier in einen lauten und schamlosen Wahrsagejahrmarkt verwandelt. Zu beiden Seiten der Heiligen Straße, die im Zickzack zum Apollontempel hinaufführt, drängt sich lärmend eine ungeheure, nach Antworten, Vorhersagen, billigen Enthüllungen gierende Menschenmenge vor improvisierten Orakelbuden aller Art: Handleserzelte, Magier- und Wahrsagerstände, Kioske für Tarockkarten und Kaffeesatz, Liegestühle von Somnambulen, Karren von Haruspexen, Campingwagen von Astrologen und selbst Automaten, die nach Einwurf eines Geldstücks Zettelchen mit prophetischen Sprüchen ausspucken.

»Was für eine Schande!« rufen wir aus. »Das geht wirklich zu weit!« Und wir erinnern uns angesichts dieses Verfalls der Mythen eines luziden Abschnitts aus Spenglers *Der Untergang des Abendlandes*. Nach Campbell-Bannermans Meinung allerdings hat der Untergang des Abendlandes hiermit nichts zu tun.

III

»Die Nachfrage schafft das Angebot«, räsoniert unser Kollege, »und bereits in der Antike hat in Krisenzeiten der Andrang großer und ratloser Menschenmassen in Delphi ganz ähnliche Situationen der Geschäftemacherei geschaffen. Der amthabenden Pythia, der Inhaberin des Dreifußes, wurden saisonbedingt Pseudopythien und anderes Aushilfspersonal beigegeben, das immer käuflich und oft ganz und gar marktschreierisch war, wenn nicht... Oh! Oh! Was sehe ich denn da?«

»Was siehst du denn da?« fragen wir atemlos.

»...wenn nicht sogar hinterlistig im Dienste einer Propaganda!« wiederholt Bannie, der nun auf eine Jukebox mit der Aufschrift »MARXISTISCHES ORAKEL« zugeht. »Ich würde wetten, das hier muß ein brandneues Anti-Warum-Abschreckmittel sein.«

Aber nein. Welche Taste wir auch drücken, die Musik ist immer dieselbe: eine uralte, zerkratzte Schallplatte von 78 Umdrehungen; und das Abschreckmittel ist immer noch das gleiche wie vor 126 Jahren: »*Die Philosophen*«, leiert eine hüstelnde Stimme, jedes noch so flüchtige Verlangen nach weiteren Warums abschneidend, »*haben die Welt nur verschieden interpretiert; es kommt aber darauf an, sie zu verändern!*«

Wir denken wieder an die arme Ludmila und

das *Was mußten wir bloß das alles tun?* ihres geheimen Kollektivs.

»Die Armen«, murmeln wir, »wer weiß, wie lange die noch ihre Frage mit sich herumtragen müssen.«

»Wer weiß«, sagt Bannerman. »Aber ob dort noch ein paar Kinderwagen übriggeblieben sind?«

XV

DIE VERBOTENE TREPPE

MERKWÜRDIGERWEISE WIRD DAS GEDRÄNGE auf der steilen Straße, die zum Apollontempel hinaufführt, weniger statt mehr. Allerdings steigen auch die Preise hier steil an. Hier oben werden die Buden und Baracken seltener, dafür sind die echten Ruinen von Votivtempelchen und verschiedenen anderen Weissagestätten in Benutzung.

Wir sehen vermögende Bittsteller bündelweise *Traveller*-Schecks abreißen, bloß um eine Säule aus dem Unterbau der Sphinx berühren zu können. Das Sanktuarium von Ghé – ein archaisches Orakel, das später durch das von Apollon ersetzt wurde – besteht nur noch aus wenigen, halb versunkenen Steinblöcken, aber sich darauf zu setzen, kostet tausend Drachmen die Minute. Und den Eintritt in das dorische Tempelchen des Schatzes der Athener (wo ein »Dow Jones Orakel« für Finanzleute eingerichtet worden ist) bezahlt man in Goldbarren.

Trotz dieser Preise herrscht aber wieder beträchtliches Gedränge unter dem *peribolo* (Terrasse) des großen Tempels mit den erhaltenen Säulen des *pronao* (Atriums), die auf der rechten Seite aufragen.

Und in der Tat, hier ist es, wo im tiefen *adyton* (Zelle) des Tempels einmal die Pythia weissagte, auf ihrem Dreifuß sitzend und von den halluzinogenen Dämpfen, die aus der Erde quollen, eingehüllt. Und hier, aufgrund ihrer dunklen Sprüche, entschied sich ein Großteil der antiken Geschichte, von den Perserkriegen über die Eroberungszüge Alexanders bis hin zu dem Mord an Nero und selbst noch den Geschicken Roms im spätrömischen Reich, bis der zum Christentum bekehrte Theodosius dann durch das Konzil von Konstantinopel (eine Art II. vatikanisches Konzil) diese abergläubischen Riten abschaffte. Und hier, auch wenn es keine Dämpfe mehr gibt (was übrigens bereits Cicero anmerkt), möchten wir jetzt hinein, um eine letzte und äußerste Botschaft in Empfang zu nehmen.

»Die Stimme der Pythia«, versichert Plutarch in einem seiner maßgeblichen Pythischen Traktate, »reicht über die Jahrhunderte in die Zukunft«. Aber werden wir sie überhaupt hören können, in diesem Getöse?

Tiefe Verzagtheit erfaßt uns, und jedenfalls weigern wir uns, uns an der langen Schlange anzustellen, die unten am Peribolo vor einer Treppe mit dem Pfeil: »Zum ORAKEL« wartet.

»Zum *ERKENNE DICH SELBST*« zeigt ein Pfeil an der gegenüberliegenden Treppe an, die

115

offenbar zu den erhaltenen Säulen des Atriums führt, wo dieses eindrucksvolle Gebot eingeschnitten war, das den Sieben Weisen zugeschrieben wird und später von Sokrates wiederaufgenommen wurde.

Doch dort drüben geht niemand hinauf.

»Nutzen wir die Gelegenheit, um uns ein bißchen erkennen zu gehen?« scherzen wir mit Bannie und setzen uns in Bewegung. Und die ganze Gruppe der Drill-Reisen zeigt plötzlich ein unerwartetes Interesse an der Selbsterkenntnis und tappt uns begeistert nach.

»Halt!«

Ein Schutzmann am Fuß der Treppe hält uns mit erhobenem Täfelchen an.

»Der Zugang zum *Erkenne dich selbst*«, informiert er uns, »ist vorübergehend nicht möglich.«

»Aber wieso denn? Ist es auch dort ausverkauft?«

»Jjja... nein... das heißt... es ist wegen Restaurierungsarbeiten geschlossen...«, verhaspelt sich der Schutzmann.

»Was für Restaurierungsarbeiten denn!« poltern wir los. »Die Schrift im Atrium ist doch bloß eine Kopie von 1928, oder etwa nicht?«

»Von 1927«, präzisiert unser Gesprächspartner. »Aber sie wird trotzdem restauriert. Der ganze Ostteil des Tempels ist für Besucher geschlossen.«

Wir wollen gerade zu weiterem hitzigem Protest ansetzen, als Bannie uns ein Zeichen gibt, es gut sein zu lassen und ihm mit der Gruppe zu dem gedeckten Portikus der Athener zu folgen.

»Da steckt etwas dahinter«, sagt er. »Es ist klar, hier soll die Selbsterkenntnis verhindert werden. Aber warum?«

»Wenn ihr wollt, daß wir eine Erkundung versuchen...«, sagt der Reiseleiter und studiert auf einer Karte Maßstab 1:25000 die Möglichkeiten von Schleichwegen.

Es ist unglaublich, alle Mitglieder der Gruppe erklären sich bereit, gleich welchen Zuschlag zu zahlen, wenn sie nur zum Pronao mit der berühmten Schrift gelangen, so stark hat das philosophische Fieber jetzt auch sie gepackt. Und als die Drill-Leute das Zeichen zum Abmarsch geben, bleibt als einziger der schwarze Hund zurück, der sich jetzt an den Wachmann unten an der Treppe gehängt hat. Das seltsame Tier scheint von den Kellen dieser Schutzleute fasziniert zu sein.

Als wir zurück in der Pleistos-Schlucht sind, steigen wir zur Kastalischen Quelle hinauf, in der die Pythia, bevor sie sich ans Weissagen machte, ein rituelles Bad zu nehmen pflegte, und dann biegen wir nach links ab, um von dem waldigen Gelände oberhalb wieder auf den Tempel hinunterzustoßen.

Wir schlüpfen aus dem Gestrüpp und überqueren im Laufschritt eine kurze offene Strecke, und schon sind wir zwischen den Ruinen des verlassenen Ostteils, wo wir auf allen vieren und in größeren Abständen hintereinander weiterkriechen. Der Weg scheint frei zu sein.

Doch nun dreht sich plötzlich der Fahrer, der uns vorausrobbt, um und gibt allen ein Zeichen, sich flach auf die Erde zu werfen. Griechische Polizei?

Nein. In der einsamen, auf einem Kapitell sitzenden Gestalt, die das Warnzeichen des Fahrers ausgelöst hat, erkennen wir zu unserer unsäglichen Verblüffung die Unbekannte vom Orientexpreß wieder, die unerforschliche *poinçonneuse* der Metrostation Cardinal Lemoine, die kartesianische Besucherin der Hamburger Skooterbahn... Kurz: Armanda Cavagnini-Spanzotti.

Aber wir haben jetzt keine Zeit, um herauszufinden, was sie hier treibt. Wir begnügen uns mit ihrer Versicherung, daß auf dieser Seite der Zugang zum *Erkenne dich selbst* unbewacht ist.

»Auf Wiedersehen«, grüßen wir sie. »Vielleicht treffen wir Sie ja noch hier an, wenn wir zurückkommen?«

»Falls ihr wieder zurückkommt«, lächelt sie, sibyllinisch wie immer.

XVI

EIN QUALITATIVER SPRUNG

DER OFFENE PLATZ vor dem Pronao ist verlassen. Die Reste des großen Apollonaltars links entziehen uns den Blicken der Menge unten, während wir rechts durch den hohen, mächtigen *Iskéagon* (Stützmauer) geschützt sind, der an der Nordseite den Tempel säumt.

Keine Spur von den »Restaurierungsarbeiten«, die der Schutzmann erwähnt hat. Die erhaltenen Säulen des Atriums erheben sich in ihrer Majestät vor uns wie eh und je, zauberisch und rosenfarben vor dem Nachmittagshimmel. Und die Inschrift »GNOTHI SAUTON« ist von unserem Standort aus vollkommen lesbar. Nur das moderne Schild mit der Übersetzung in die hauptsächlichen Touristensprachen (*Nosce te ipsum, Erkenne dich selbst, Conosci te stesso, Conozca Ud. sí mismo!* usw.) ist offenbar in aller Eile mit Zeitungspapier verhüllt worden, das der Dolmetscher und der Fahrer ohne Schwierigkeiten entfernen.

»Meine Güte«, flüstert einer der Beeindruckbarsten der Gruppe, »was für eine Lust das einem macht, sich selbst zu erkennen!«

»Ich fange schon damit an«, sagt ein anderer. Und ein dritter: »Ja, auch ich fühle, daß ich auf dem richtigen Weg dazu bin.«

Etwas *zwingt* einen heute hier geradezu zur Selbsterkenntnis. Campbell-Bannerman, der schon bei verschiedenen anderen Anlässen hier gewesen ist, sagt, er habe nie einen so großen Antrieb dazu verspürt wie jetzt.

»Auch das«, bemerkt er, »ist ein Zeichen, daß der metaphysische Drang (insbesondere in teleologischer Hinsicht, das heißt in seiner Beziehung auf die Zwecke des Lebens) in allen allmählich die Alarmstufe erreicht. Aber ich verstehe immer noch nicht, warum sie den Zutritt verboten haben. Die Selbsterkenntnis ist doch immer als eines der höchsten Ziele gefördert worden, als eines der…«

»Ogottogott! O Gott«, schreit eine der Frauen los. Und während der Reiseleiter sich verzweifelt bemüht, die Gruppe zum Leisesein anzuhalten, brechen auch andere in erstickte Ausrufe aus: »Ich sehe mich! …Ich erkenne mich! …Uh, wie ich mich erkenne! …Ich auch! …Ich auch! …«

In weniger als fünf Minuten hat ein gutes Drittel der Anwesenden völlige Selbsterkenntnis erreicht, und mit entschlossener Miene machen sie sich auf den Weg hinauf zu der höchsten Stelle des Iskéagon.

Gehen sie wohl dort hinauf, um in Ruhe die aufregende Offenbarung zu genießen? fragen wir uns neidisch, während sich in uns das Bild unserer selbst noch nicht so recht einstellen will. Alle unterbrechen ihre Meditation, um mit Kopftüchern und Hüten den Glücklichen zuzuwinken, die inzwischen bereits oben angelangt sind.

»Wir gratulieren!« wird gerufen.

Das Grüppchen auf der Mauer antwortet mit Gebärden, die wir nur schwer zu deuten vermögen. Es scheinen eigentlich gar keine Gebärden der Freude. Eher würde man meinen…

Es dauert nur einen Augenblick. Einer nach dem anderen machen, mit einem letzten Abschiedswink, die Kenner ihrer selbst einen Schritt nach vorn und stürzen sich aus einer Höhe von dreißig Meter in den Graben, der die Stützmauer vom Tempel trennt.

Selbst die abgebrühten Drill-Leute sind eine ganze Weile lang wie versteinert vor Entsetzen. Viele der Touristen werden praktischerweise ohnmächtig und entgehen so neuen Stadien des gefährlichen Selbsterkenntnisprozesses.

Deswegen also das Verbot! Die Verwaltung hat ganz richtig geahnt, daß für einige, nach so langen Zeiten des philosophischen Dunkels, die plötzliche Selbsterkenntnis ein allzu harter Schlag sein könnte.

Aber wir haben noch nicht alles gesehen.

Als wir um die nordöstliche Ecke des Tempels biegen und in den steinigen Graben hinuntersehen, sind die zerschmetterten Körper, die wir erblicken, längst nicht nur diejenigen unserer Reisegefährten. Unzulänglich mit Militärplanen bedeckt, liegen Dutzende um Dutzende weiterer Leichen am Fuß der tragischen Mauer.

»Sie haben sich nicht gefallen, was? …Ja, das kommt vor. Heutzutage können nur ganz wenige den Anblick ihrer selbst aushalten.«

Es ist die Cavagnini-Spanzotti, die so spricht. Wir haben sie, immer noch auf ihrem Kapitell sitzend, wiedergefunden, als wir uns in völlig aufgelöster Marschordnung zurückzogen, und sie selbst hat sich angeboten, uns nach unten zurückzubringen. Sie sei »von Amts wegen« hier, hat sie uns rätselhaft bedeutet, und könne uns Unannehmlichkeiten wegen der schweren Übertretung, derer wir uns schuldig gemacht haben, ersparen.

»Ich hab es doch gespürt!« klagt Bannerman zum wiederholten Male. »Hätte ich nur auch dieses Mal auf meine Intuition gehört!«

»Was für eine Intuition denn, jetzt bitte, sei so gut!« schnappen wir gereizt zurück. »Du tust immer so, als wüßtest du alles! Warum versuchst du nicht lieber, dich selbst ein bißchen besser zu erkennen?«

Erschreckt hält unser Kollege sofort den Mund.

»Und was Sie angeht, liebe gnädige Frau«, reagieren wir uns auch der Spanzotti gegenüber ab, die dieses Mal doch wahrhaftig als Sibylle gekleidet ist, »kann man endlich erfahren, wer Sie sind? Wir verhehlen Ihnen nicht, daß wir allmählich genug von diesen ständigen Maskeraden haben.«

»Maskeraden?« protestiert sie lächelnd. »Das ist meine Arbeitskleidung. Ich bin die Delphische Sibylle.«

Wir müssen zugeben, jetzt bleibt uns die Spucke weg. Wir hatten völlig vergessen (und der allwissende Bannie mit uns), daß zu Delphi auch eine wandernde Sibylle gehörte, die nach der Ansicht einiger Gelehrter sogar noch vor der Pythia und selbst der Ghé an diesem Ort geweissagt haben soll.

Inzwischen sind wir auf die Heilige Straße zurückgekehrt, wo der Schutzmann mit dem Täfelchen immer noch den Zugang zum Ostteil überwacht. Wir sehen ihn weitere Neugierige zurückweisen und gleichzeitig dem schwarzen Hund, der ihn immer noch mit Sprüngen und bewunderndem Gekläff belästigt, einen Hagel von Kellenschlägen verpassen.

»Da drüben ist mein Fels«, sagt die Spanzotti und zeigt uns auf der anderen Seite der Straße einen Granitblock, der in der Tat *Fels der Sibylle* heißt. Dann antwortet sie mit einem Wink auf den Gruß des Schutzmanns und bittet ihn, nicht mehr gegen den begeisterten Hund zu wüten.

»*Hör auf, ihn zu schlagen*«, sagt sie, »*denn er ist die Seele eines Freundes von mir. Ich habe ihn an der Stimme erkannt!*« Dann wendet sie sich an uns, als wären wir Kandidaten in einem Fernsehquiz: »Wißt ihr, von wem der Satz ist, den ich gerade zitiert habe?«

»Donnerwetter!« ruft der hochgebildete Bannie aus. »Das war doch aus diesem Fragment von Xenophanes, in dem der pythagoräische Glaube an die Metempsychose oder Seelenwanderung verlacht wird.«

»Da gibt es wenig zu lachen«, sagt unsere Begleiterin. »Schaut ihn euch doch mal richtig an, den Hund da: Erkennt nicht auch ihr ihn wieder?«

XVII

DAS GEHEIMNIS DES
VOGELMÄDCHENS

WIR SEHEN UNS VERSTÄNDNISLOS den Hund
an. Wen in aller Welt sollen wir bloß in diesem
streunenden Bastard erkennen, der so viel Anhäng-
lichkeit gegenüber griechischen Schutzleuten mit
Kelle an den Tag legt?

Dann weckt die Kelle in uns eine noch frische,
kaum drei Tage alte Erinnerung, und gleichzeitig
bemerken wir in den Augen des Tieres einen zwei-
deutigen, wirren Ausdruck, der weit über die Gren-
zen einer normalen Hundeliebe hinausgeht; auch
die Art, wie er mit dem ganzen Hinterteil wedelt,
hat etwas Ungesundes. Und dann befördert die auf-
fallende Ähnlichkeit der roten Dienstmützen der
griechischen Fremdenpolizei mit denen der italienischen Bahnhofsvorsteher unsere Erinnerung endgültig ans Licht.

»Vicenza?« rufen wir verdutzt aus.

Bei diesem Wort bedeckt sich der Hund mit einer
uns wohlbekannten Gebärde die Schnauze mit den
Vorderpfoten und fängt an, sich in tiefer Scham im
Staub zu wälzen.

Es gibt keinen Zweifel mehr. Das Tier, das wir

vor Augen haben, ist niemand anderes als der anglikanische Pastor, dem wir im Orientexpreß begegnet sind und der tragisch unter den Rädern des Zugs umgekommen ist. Die pythagoräische Lehre der Metempsychose oder Seelenwanderung ist hiermit bestätigt.

Sollen wir nun davonstürzen, um unseren Zeitungen diese Nachricht zu telegrafieren? fragen wir uns mit Bannie. Nein, viel dringender ist es jetzt, diese verdammte Cavagnini-Spanzotti zum Singen zu bringen, bevor sie uns wieder entwischt. Wer auch immer sie sei, sie sieht jedenfalls so aus, als wüßte sie besser als wir darüber Bescheid, was hier vorgeht.

»Versuchen wir es. Aber ich fürchte, wir bringen nichts aus ihr heraus, wie gewöhnlich«, sagt Bannerman und folgt uns hinüber zum Fels der Sibylle, wo die Frau sich inzwischen niedergekauert hat. Und er selbst stellt ihr nun in der griechischen Originalsprache die klassische Frage, wie sie von Apuleius überliefert wurde: »*Sibylla, Sibylla, tì thèleis?*« (Sibylle, Sibylle, was begehrst du?)

»*Apothanèin thelo*« (ich begehre zu sterben), antwortet sie nicht minder klassisch.

»Da kann man nichts dagegen sagen, sie kennt ihre Rolle perfekt«, muß unser Freund zugeben. »Aber jetzt fragt ihr sie mal ein bißchen! Es hilft nichts, wahrscheinlich ist es die Erinnerung an die vielen vergeudeten Metrobillets, aber ich kann mit der da keine konstruktive Beziehung aufbauen.«

Wir finden, wir können ebensogut auch mit der Tür ins Haus fallen.

»Sibylle, Sibylle, bist du wirklich aus Zandobbio in der Provinz Bergamo?« fragen wir.

»Ich war es, aber erst in jüngstvergangener Zeit. Vorher war ich aus Kroton in der Provinz Catanzaro. Und noch vorher aus Samos.«

Bannie schickt sich, entnervt über die Dunkelheit der Antwort, zum Gehen an. Aber uns ist die Sequenz Samos–Kroton nicht entgangen, und wir versäumen es nicht, sie mit den profunden pythagoräischen Kenntnissen der Dame in Verbindung zu bringen.

»Bist du Mia?« rufen wir, in einem Geistesblitz die Wahrheit erratend.

Das Mädchen sieht uns halb verärgert (weil sie erkannt worden ist), halb durch unsere Gelehrsamkeit günstig beeindruckt an. Es schlägt die Beine wieder auseinander, die sich unter dem Sibyllengewand in griechischer Vollkommenheit abzeichnen, und hüpft von dem Felsen herunter, um uns seine wahre Geschichte zu erzählen.

» Ja, mein wahrer Name ist Mia. Ich bin die Tochter von Pythagoras. Dies ist meine vierundsiebzigste Reinkarnation.

Mein Papa entdeckte, wie ihr wißt, außer dem Lehrsatz und der pythagoräischen Tafel auch die Metempsychose. So gelang es ihm in wenigen Jahren, sich an ein gutes Dutzend seiner früheren Leben zu erinnern, und daraus strömte ihm jene außergewöhnliche Weisheit zu, wegen der er sofort zu den Sieben Weisen gezählt wurde.

Als wir von Samos nach Italien umzogen, war ich eben erst sechs Jahre alt; aber ich erinnerte mich bereits, daß ich früher ein Vogel gewesen war, und zwar eine *phoinikora* (Mauernachtigall). Daher, wie Jamblykos und Porphyrios berichten, erwarb auch ich mir meinen kleinen Ruhm als Anführerin des Chors der Jungfrauen von Kroton. Ganz zu schweigen von meiner Mama Theanò, die ebenfalls eine berühmte Pythagoräerin war und heute Vizeverwaltungsdirektorin bei der IBM ist.

Mein Vater hingegen ist gegenwärtig aus komplexen Seelenwanderungsgründen, die ich euch jetzt nicht erklären kann, ein Sofa im Wartezimmer eines Zahnarztes von Memphis, Tennessee. Und ich bin wieder ein Vogel geworden. Jetzt wißt ihr alles. «

Es folgt ein langes, peinliches Schweigen, während dessen unsere Blicke sich besorgt nicht so sehr auf die enttäuschende Erzählerin als vielmehr auf unseren Kollegen von der *Times* richten, der mit echt britannischem Phlegma seine Ray-Ban abgenommen, sie sorgfältig zugeklappt und auf die Erde gelegt hat und jetzt in einem Anfall furchtbarer Wut darauf springt und sie zertritt.

»Entschuldigt«, sagt schließlich die Tochter des Pythagoras. »Vielleicht habe ich mich nicht ganz klar ausgedrückt.« Bannie, der auf einen Stein niedergesunken ist, hat jetzt still zu weinen begonnen und hört sie nicht einmal. Erst bei den Worten »Sinn des Lebens« hebt er schwach wieder den Kopf.

»Ich glaube, ihr sucht den Sinn des Lebens«, sagt Mia nun in der Tat, »und vielleicht kann ich euch ja dabei helfen. Aber in bezug auf die Einzelheiten der Seelenwanderung muß ich eine gewisse Zurückhaltung bewahren, da unsere Sekte streng geheim ist. Wißt ihr nicht, daß der Geometer Hyppasos aus der GPB (Großgriechischen Pythagoräischen Bewegung) ausgeschlossen wurde, weil er das Geheimnis der Einzeichnung des Dodekaeders (Zwölfflächners) in die Kugel enthüllt hatte?«

»Ich sehe nicht ein«, brüllt der alte Bannie, »was der Dodekaeder damit zu tun hat, daß Sie sich weiterhin als eine gewisse Cavagnini-Spanzotti ausgeben und dazu noch behaupten, Sie seien ein Vogel!«

Das Mädchen zuckt die Achseln.

»Wir fortgeschritteneren Pythagoräer können uns in einem Vogel reinkarnieren und dennoch menschliche Gestalt bewahren. Andererseits, wenn wir ein bißchen aus dem Kreis des Lebens austreten wollen, wandern wir in einen Gegenstand. *Die Seele ist eine selbstbewegliche Zahl,* sagte Papa.«

»Und ich bin ein Trolleybus der Linie 81!« sagt Bannie sarkastisch.

Diese vulgäre Bemerkung beirrt die Tochter des großen Philosophen nicht, sie hat sich schon ganz anderes über den Pythagoreismus anhören müssen.

»Was den Namen Armanda Cavagnini-Spanzotti angeht, der euch so irritiert hat«, fährt sie fort, »der ist wirklich völlig echt, wenn auch inzwischen verfallen. Er war nämlich der letzte, den ich angenommen hatte, bevor ich wieder ein Vogel wurde.«

»Was soll denn dieser verfluchte Vogel, zum Teufel?« schreit unser Kollege.

Diesmal ist Mia gekränkt.

»Verzeihen Sie, Herr Bannerman, lassen Sie mich ausreden, ja? Ich wollte sagen, meine letzte rein menschliche Inkarnation erfolgte im Jahr 1738 in Zandobbio im Schoß der Familie eines Müllers, der eben diesen Doppelnamen trug. Ich starb in allerzartestem Kindesalter und wurde als Nachtigall wiedergeboren, dann als Lerche, als Finkenweibchen, als Zaunkönigin, als Rotkehlchen, als Eichelhäherin, als Eisvogelweibchen und schließlich als Möwe… aber immer als Vogel. Deswegen benutze ich meinen Namen von 1738, wenn ich in Gestalt einer Frau auftrete. War das jetzt klar, ja?«

Bannie kratzt sich am Kopf. In der Tat sind Mias Erklärungen logisch und überzeugend gewesen. Aber Seelenwanderung oder nicht, worin soll uns all dies dem Sinn näherbringen, der uns interessiert? Da wir schließlich keine Klatschjournalisten sind und auch unsere Zeitungen nicht zur Regenbogenpresse gehören, ist es für uns nicht einfach schon als Triumph zu betrachten, daß wir auf die Tochter des Pythagoras gestoßen sind.

»Doch bevor Sie Mia waren«, fragt plötzlich Bannie, »sind Sie wirklich die Delphische Sibylle gewesen?«

»So heißt es. Doch aus jenen Zeiten ist mir nur eine undeutliche Erinnerung geblieben und die Vorliebe für gewisse Kleider und gewisse etwas fatale, nun ja… eben etwas sibyllinische Allüren.« Und sie bricht in schallendes Gelächter aus, so daß wir sie wieder am Tisch im Orientexpreß vor uns sehen, faszinierend und geheimnisvoll in ihrem jadegrünen *fourreau*-Kleid.

Wir lagen also damals doch nicht ganz daneben, geben wir uns durch Blicke zu verstehen.

»Und jetzt natürlich«, fährt sie gesprächig fort,

»habe ich von diesem unerwarteten Delphi-*revival* profitiert, um mich wieder einmal so anzuziehen. Es macht mir einfach solchen Spaß.«

Aber Bannie läßt nicht locker.

»Und noch vorher«, bohrt er weiter, während er sie mit seltsamem Ausdruck fixiert, »waren Sie da nicht zufällig ein anderer Vogel, den zu erwähnen Sie bis jetzt unterlassen haben? Ja, und da wir schon dabei sind, wollen Sie uns nicht sagen, was für ein Vogel Sie in diesem Augenblick sind?«

Jetzt ist es unser Kollege, der sich einen bewundernden Blick (wir verstehen nicht warum) von seiten dieses Mädchens einhandelt, das, nach einer kleinen Weile gedankenverlorenen Schweigens, wieder in sein typisches Gelächter ausbricht: »Sie sind äußerst scharfsinnig, Herr Bannerman. Sie haben sich eine Coca-Cola verdient.«

XVIII

DIE GÖTTIN AUF DER TERRASSE

VON DER TERRASSE des kleinen Cafés aus hat man einen Blick auf das wundervolle Pleistos-Tal mit seinem silbernen »Ölbaummeer« und im Hintergrund, bereits im Schatten, den engen Golf von Itèa. Prächtig geht die Sonne hinter dem Vorgebirge der Andromache unter.

Bannie dreht sein Glas Coca-Cola in der Hand hin und her, während wir auf Mia warten, die hinten am Tresen dem Barkeeper Instruktionen für die Zubereitung ihres komplizierten Cocktails gibt.

»*Ye Gods almighty* (oh, ihr allmächtigen Götter), was für ein *scoop* (sensationeller journalistischer Coup)!« hören wir ihn murmeln.

»Aber wieso denn«, fragen wir ihn flüsternd, »warum ist es denn so wichtig, daß es sich um irgendeinen ganz bestimmten Vogel handelt? Willst du uns endlich erklären, was das soll?«

»Das ist der größte philosophische *scoop* aller Zeiten. Ha, ha, Tochter des Pythagoras!«

Wir verschlucken uns an unserem griechischen Wein. »Aber was denn?« krächzen wir. »Jetzt wäre sie gar nicht mehr die Tochter des Pythagoras?«

»Doch, doch, gewiß... aber sie war auch... und ist noch...«

»Da bin ich«, sagt fröhlich Mia, die zurückkommt und sich zu uns setzt. »Es ist schön hier, nicht wahr?«

»Ein guter Ort, um sich in Ruhe zu unterhalten«, sagen wir, in Erwartung, etwas zu verstehen.

Die Terrasse ist still und leer. Alle, die Überlebenden der Drill-Reisen eingeschlossen, sind in der Heiligen Einfriedung geblieben, um sich Orakelsprüche zu holen und sich um Offenbarungen zu reißen. Der Wind trägt ab und zu ihr wildes Geschrei zu uns hinauf.

»Gnädiges Fräulein, wie Sie wissen...«, macht Bannerman schließlich, seinen Notizblock herausziehend, den Anfang. Doch er ist eingeschüchtert, weiß nicht, wie er beginnen soll. »Gnädige Frau, wie Sie wissen«, wiederholt er, »sind wir nicht aus persönlichen Gründen hier. In diesem ernsten Augenblick geht es nicht um uns selbst, wenn wir Sie nach dem Sinn des Lebens befragen möchten. Ihre Erklärungen... das heißt, die Erklärungen, die Sie, wie wir hoffen, die Liebenswürdigkeit haben werden, uns zu geben, werden dazu dienen...«

»Zu nichts werden sie dienen«, sagt Mia, den Kopf schüttelnd.

Sie hebt den Kelch, den der Barkeeper ihr gebracht hat, trinkt aber nicht. Sie betrachtet im

Gegenlicht des Sonnenuntergangs die regenbogen-
farbene Flüssigkeit und scheint auf das ferne
Hupkonzert zu lauschen, das unten von der
Straßensperre zu uns dringt.

»Zu nichts«, wiederholt sie. »Sie, Herr Bannerman, kennen doch zweifellos den Ausspruch
Hegels mich betreffend.«

»Sie betreffend…als Nachtvogel?«

»Ja, in der Vorrede zu den *Grundlinien der
Philosophie des Rechts*, wo er sagt, daß die Eule der
Minerva…«

Die Gläser fallen uns aus der Hand und zerschel-
len auf dem abgetretenen Backsteinboden der Terrasse. Wir sehen gebannt zu, wie sich der dunkle
griechische Wein in kleinen Rinnsalen ausbreitet,
die schnell von den porösen, noch sonnenwarmen
Steinen aufgesogen werden; und in diesen flüchti-
gen Hieroglyphen meinen wir den Text der Depe-
sche lesen zu können, die wir heute abend an unsere
Zeitung schicken werden (heute abend oder vielleicht auch morgen; wenn Hegel recht hat, ist ja
keine Eile mehr):

»*Delphi, 28. Juli* – Wir sitzen hier mit der Eule der
Minerva zusammen. Wir hatten sie bereits auf der
Reise getroffen und haben sie nun in den Trümmern
der Ostseite des Apollontempels wiedergefunden.
Das Verdienst, sie erkannt zu haben, kommt Kollege
Campbell-Bannerman von der *Times* zu. Übrigens

war es nicht ganz so schwer, da Besagte mit der Sibylle von Delphi und mit Mia, der Tochter von Pythagoras, identisch ist. Es ist ja in der Tat bekannt, daß dem heiligen Vogel außer den philosophischen auch die höchsten prophetischen und mathematischen Gaben zugeschrieben wurden.

Doch es ist auch bekannt, daß Minerva die Gewohnheit hatte, sich in ihre eigene Eule (oder in andere Vögel) zu verwandeln und umgekehrt. Die junge Frau mit den blaugrünen Augen, die wir vor uns haben, ist also die Göttin der Philosophie und der Weisheit selbst, die höchste Quelle, aus der zu schöpfen wir je für das Gelingen unseres Auftrags hoffen konnten.

Leider hat dieses entscheidende Interview nicht in besonders optimistischen Tönen begonnen. Die Göttin hat vorausgeschickt, daß nichts, was sie uns sagen kann, zu etwas dienen wird, und hat uns diesbezüglich an das kategorische Urteil Hegels erinnert, demzufolge die Philosophie...«

Von plötzlicher Auflehnung gepackt, rütteln wir uns auf. Die helläugige Jungfrau sieht in die Abenddämmerung hinaus. Bannerman hat kein einziges Wort mehr gesagt.

»Doch unter den gegenwärtigen Umständen«, protestieren wir, »könnte man da nicht eine Ausnahme von der Regel machen? Das Bedürfnis nach einem Sinn, nach irgendeiner Bedeutung, die wir dem Leben geben könnten, ist allmählich für alle so dringend geworden, daß eben dieses Bedürfnis, gerade als solches... Wir wollen sagen, daß der Mensch, trotz seiner früheren und jetzigen Irrtümer, eben gerade durch seine menschliche Natur... das heißt, in anderen Worten, die Menschheit als Ganzes genommen... aber wohlgemerkt, ohne das einzelne Individuum zu vergessen, für das doch immer noch... dem man doch nicht versagen kann, eine gewisse... eine gewisse...«

Wir hören verwirrt, ohnmächtig, verzweifelt auf.

»Gnädige Frau, ach, bitte, bitte, sagen *Sie* uns doch etwas!« rufen wir den Tränen nahe; jede Zurückhaltung, jede, auch sprachliche, Scham ist uns abhanden gekommen. »Das ist doch heutzutage kein Leben mehr auf der Welt, niemand versteht mehr etwas, es ist ein entsetzliches Kuddelmuddel...«

»Das ist wahr!« stimmt der ebenfalls völlig aufgewühlte Bannie ein. »Das ist die reine Wahrheit! ...Das hat mir neulich in Hammersmith auch meine Kusine Augusta gesagt: ›Bannie‹, hat sie zu mir gesagt, ›da versteht man doch gar nichts mehr. Was soll nur aus uns werden?‹«

Die Göttin lächelt unberührt, aber nachsichtig über unseren pathetischen Ausbruch.

»Was aus euch werden soll, wüßte auch ich euch nicht zu sagen. Ich kann euch nur helfen, zu verstehen, wie ihr dahin gekommen seid.«

»Wohin?«

»An den Punkt, an dem ihr jetzt seid. Aber macht euch keine Illusionen, daß Verstehen euch diesmal noch hilft. Vor allem erwartet kein...«

Sie lacht. Sie öffnet die Handtasche. Und an dem Ausdruck ihrer Augen, an der Hülse ihres Lippenstifts, den sie aufdreht, an den Zahlen, die sie auf das grüne Eisentischchen zu malen beginnt, erkennen wir, daß sie in diesem Augenblick wieder Mia, die pythagoräische Jungfrau, ist.

»Vor allem«, lacht sie, »erwartet kein neues Entwicklungsmodell.« Dann zeigt sie uns die Zahlen, die sie geschrieben hat. »Kennt ihr das? Es ist die mystische Dekade, die sich aus der Summe der ersten vier natürlichen Zahlen ergibt.«

$1 + 2 + 3 + 4 = 10$, besagen in der Tat die roten Zahlen auf dem Tischchen.

»Aber es ist auch die *tetraktys*«, fährt sie fort, »oder Grundfläche des psychogonischen Würfels, von dem Philolaos zu Recht sagte, daß er *alle Dinge in sich enthält und das eigentliche Prinzip des Daseins ist, ohne das alles unbestimmt und dunkel wäre*. Da habt ihr jetzt den Würfel selbst.«

Mit leichter Eleganz und so schnell, daß es unmöglich ist, ihr zu folgen, zeichnet Mias Hand eine schwindelerregende Reihe von Symbolen in die Luft. Und da ist er tatsächlich vor uns, unbegreiflich im Leeren schwebend, der interessante Würfel.

Außer in bezug auf Farbe und Größe ist er einem gewöhnlichen Suppenwürfel nicht unähnlich, aber ist er vor uns, oder sind wir in ihm? Wir haben den Eindruck eines leichten Sogs, einer langsamen, konzentrischen Bewegung von Spiegeln. Dann steht es außer Zweifel, daß wir uns darin befinden, und auf einmal wird die Bewegung...

»Achtung!« schreit Bannie.

Aber wir haben nichts, um uns festzuhalten. Sofort prallen wir auf eine Schar wegen Urlaub geschlossener *pollàkis* (eine Art Hühner) und werden von dort gegen ein gipsernes Denkmal geschleudert: eine Reiterstatue der Krankenkasse, die mit ihrer Lanze das Fatum durchbohrt. Erschreckt versuchen wir, uns an einen nahen *modus vivendi* mit Nicht Programmiertem Infarkt anzuklammern, doch wir stolpern über die Menschenrechte und rutschen in den Bund für die Gleichheit der Telefonnummern hinein. Dort werden wir wieder ausgestoßen. Dann überschlagen wir uns wegen eines Sprungs zwischen den Bahnen des Würfels und sausen gegen eine stachlige Fläche voller Sicherheitsnadeln, Sicherheitsgurte, Sicherheitsschlösser und Sicherheitsventile. Zum Glück können wir durch eines der letzteren durchschlüpfen und knallen nun gegen ein anderes Denkmal, das günstigerweise aus Gummi ist und die vor der Kreativen Didaktik und der Gruppenarbeit fliehende Minderwertigkeit darstellt. Wieder prallen wir zurück, aber nur, um mit einem Schrei in den Strudel der Kalkulierten Risiken und Fertigmenüs hineinzustürzen, auf dessen Grund sich unversehens der tiefe Schacht auftut, den die Abschaffung der Unglücklichen Liebe ausgehoben hat. Wir machen die Augen zu. Der Schleudergang dieser unerbittlichen kosmischen Waschmaschine ist selbst für uns zu viel.

Als wir sie wieder öffnen, ist kein Würfel mehr da, auch kein *tetraktys* mehr, nur Mia steht wenige Schritte von uns entfernt, an das Geländer über dem Tal gelehnt.

»Donnerwetter«, stottern wir mit krächzender Stimme und schlotternden Beinen.

»Und dabei«, sagt Mia, »habt ihr nur einen winzigen Teil dessen gesehen, was der Würfel enthält. Doch das dürfte euch genügen, damit ihr eine Ahnung davon bekommt, wo euer Fehler liegt: Ihr habt euch in den Kopf gesetzt, alles zu kontrollieren, die Unsicherheit aus dem Leben zu verbannen. Und jetzt, da die Unsicherheit durch das Fenster wieder hereinkommt, macht sie euch viel mehr Angst als vorher, sie erscheint euch als unerträgliches Ungeheuer.«

»Ja, ja!« rufen wir. »Wir werden es nicht wieder tun, wir lassen das Sichere für das Unsichere, das Ei für die Henne fahren, wir bestellen nie mehr einen Platz vor, weder im Theater noch im Zug, wir wollen in den Tag hinein leben, wir kündigen alle unsere Versicherungen! ... Aber dann, werden wir dann den Sinn des Lebens finden? Werden wir dann endlich erfahren, wer wir sind, woher wir kommen, wohin wir gehen?«

»Aber, aber«, mahnt uns die Göttin, »das ist doch keine philosophische Frage. Und selbst wenn es so wäre...«

Sie macht eine unmerkliche Gebärde des Abschieds, und einen Augenblick später ist sie verschwunden. Da, wo sich gerade noch ihre hohe, ebenmäßige Gestalt abzeichnete, verläuft jetzt in ununterbrochener Linie das Terrassengeländer, während sich die dunklen Vorgebirge mit Violett und Orange überziehen. Am erlöschenden Himmel sehen wir einen Nachtvogel in langsamem Flug davongleiten und sich im Talgrund verlieren.

Schweigend sehen wir uns an. Dann murmelt Bannie melancholisch Hegels Worte über das »Belehren, wie die Welt sein soll«: »...so kommt dazu ohnehin die Philosophie immer zu spät... Die Eule der Minerva beginnt erst mit der einbrechenden Dämmerung ihren Flug.«

Auf dem Eisentischchen ist die Lippenstifthülse liegengeblieben.

ENDE